# 藤井食堂の体にいい定食ごはん

藤井 恵

Gakken

そろそろ
開店の時間です

大皿に盛られた主菜と、小鉢に盛られたいくつかの副菜、
そして、ご飯とみそ汁……。
食堂でいただく定食は、なぜかワクワクするものです。
ショーケースに並んださまざまなおかずの中から自由に選んで、
トレイにのせて、自分好みの定食が作れる食堂がとくに好きです。
もしも、私がどこかの町で食堂を開くなら、
お客さんが自分でおかずを組み合わせられるお店にしたい。
店名はストレートに「藤井食堂」。店主はもちろん、私、藤井恵です。
そんな夢（妄想？）のような食堂のメニューを、
誰でも家で作れたらきっと楽しいだろうと考えたのが、この1冊です。
おいしくて作りやすいのはもちろんですが、日々の健康に役立つよう、
体にいい食材や調理法にこだわったおかずばかりをご用意しました。
その日の体調や気分、冷蔵庫の中身と相談しながら、
主菜、副菜、汁ものまで自由に選んで作って、あなただけの定食をお楽しみください。

いらっしゃいませ
藤井恵

# 「朝も夜もおかずは3品が基本です」

# それでは「藤井食堂」の定食をご紹介します

## 朝定食

野菜の副菜の差し替えも → P.102 ～ 109

シンプルな野菜のおかずは、朝夜問わず、必ず食べたいひと皿。どちらにも合うものばかりなので、自由に差し替えてください。

### 主菜を差し替え

主菜は、同じ食材を使った別のレシピを、それぞれいくつか紹介しています。好みで差し替えてください。

# 「おかずは好みで差し替えができます」

朝限定の納豆の差し替えも → P.032 ～ 033

汁もの、スープの差し替えも → P.034 ～ 037

## 夜定食

### 主菜

たんぱく質を摂るおかず。意外と1日の必要量が多いので、朝夜欠かせません。

＋

### 野菜の副菜

ビタミンやミネラルなど、体調を整えるための栄養素を含む野菜も必ず添えます。

＋

### 汁もの、またはもう1品

朝は体が目覚めるような温かい汁やスープ。夜はお酒のアテにもなる1品を。

もう1品は「定番副菜」に差し替えても → P.082 ～ 083

### 主菜を差し替え

夜も朝と同様、同じ食材のアレンジレシピを紹介しています。飲みたいお酒に合わせて差し替えてもよいでしょう。

# 目次

## 干もの定食



## 藤井食堂の昼めん

# 藤井食堂の夜定食

# 魚の竜田揚げ定食



# 刺し身定食



## 野菜 副菜カタログ



### この本のきまり

- 大さじ1＝15㎖、小さじ1＝5㎖、カップ1＝200㎖です。
- フライパンはコーティング加工を施してあるものを使用しています。
- 電子レンジの加熱時間は600Wを基準にしています。500Wなら1.2倍、700Wなら0.8倍の時間で加熱してください。なお、機種により加熱時間が多少異なるので、取扱説明書の指示に従い、様子を見ながら調理してください。
- 魚焼きグリルは両面焼きのものを使用しています。なお、機種により加熱時間が多少異なるので、取扱説明書の指示に従い、様子を見ながら調理してください。片面焼きの場合は食材の様子を見ながら、途中で上下を返して焼いてください。
- 塩は「自然塩」を使っています。精製塩や塩けの強い塩を使っている場合は、分量よりも少なめに加え、味を見て調整してください。
- しょうゆは「濃い口しょうゆ」、オリーブ油は「エクストラ・ヴァージン・オリーブオイル」を使用しています。
- 油は「太白ごま油」を使っています。ふだん使っているサラダ油でもかまいません。
- 梅肉小さじ1は、中サイズの梅干し½個分です。梅干しは甘くないタイプを使用しています。
- カットわかめ(乾燥)は、約3倍の重さの塩蔵わかめで代用できます。
- 本書レシピでは、食材を洗う工程を済ませてからの手順を紹介しています。適宜行ってください。
- とくにことわりがない限り、大根やにんじん、かぶは皮をむかずに調理していますが、お好みでむいてもかまいません。

# 藤井食堂の朝定食

眠っていた体を起こし、必要なエネルギーをおいしくチャージできるのが「藤井食堂」の朝定食です。良質なたんぱく質で作る主菜と野菜を使った副菜をベースに、1日1回意識して食べたい食材を使った汁ものをプラス。ご飯やパンで炭水化物もしっかり摂って、今日を元気にスタートさせましょう。

# 朝定食は、
# 主菜＋副菜＋汁ものの3品に
# ご飯がつきます

## 緑黄色野菜をサラダや和えものに

副菜にはサラダや和えものなど簡単にできる野菜のおかずを。栄養価の高い緑黄色野菜を中心に使います。副菜は1品につき野菜1種類と決めてしまうと気持ちがラクになります。

## 朝のたんぱく質は手軽な卵と豆腐で

成人が1日に必要なたんぱく質の量は50〜65gといわれています。忙しい朝は手軽に調理できる卵や、切るだけで食べられる豆腐を中心に定食を作ります。

## 海藻やきのこを具にしたみそ汁やスープを

海藻ときのこは1日1回は必ず食べたい食材。おもに汁ものの具にすることが多いです。どちらも火の通りが早い食材なので、時間のない朝にぴったりです。

## 炭水化物はしっかりと。納豆も必須

糖質は体と脳のエネルギー源。私は毎朝、ご飯を茶碗に軽く1ぱい分(約130g)摂るようにしています。納豆は毎朝必ず定食にオン。パンの日にも欠かさず食べています。

# 朝定食 レギュラー食材

## 卵

良質なたんぱく質が摂取でき、ビタミンC以外のすべてのビタミンとミネラル類を含んでいます。朝に卵2個と納豆1パックを食べれば、1日に必要なたんぱく質量の⅓〜½量を摂取できます。

## 海藻

海藻に含まれる水溶性食物繊維は、腸内の老廃物を包み込んで体外に排出するほか、腸内環境を整える善玉菌を増やす効果があるとされています。私がよく食べているのはわかめ、めかぶ、芽ひじきなど。

## 豆腐

大豆由来の良質なたんぱく質が豊富で、大豆よりも消化がよいのが特徴です。カルシウムや鉄も多く、イソフラボンという抗酸化物質は更年期などの女性の不調の改善が期待できます。私は栄養価の高い木綿豆腐をよく食べます。木綿豆腐の厚揚げもみそ汁の具などにおすすめです。

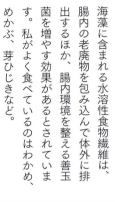

## 納豆

発酵食品も毎日摂りたい食材のひとつですが、もっとも手軽で食べやすいのが納豆。たんぱく質が豊富で、ビタミンKや$B_2$も多く、納豆菌には腸内環境を整える働きがあるといわれています。

## きのこ

きのこ類に豊富に含まれている不溶性食物繊維は、腸内で水分を吸収して膨らみ、腸を刺激して便通を促します。私は1日50〜100gを目標に食べています。

## 野菜

朝からたっぷり野菜を食べるのが「藤井食堂」のルールです。とくにビタミンCやβカロテンが豊富な緑黄色野菜を食べるようにしています。1種類の野菜を和えものやサラダなど、手間をかけずにシンプルに調理します。

卵A定食

# 目玉焼き定食

主菜
- しいたけ目玉焼き

差し替えレシピ → P.022～025

副菜
- 小松菜の梅和え → P.106

汁もの
- 厚揚げとあおさのみそ汁

差し替えレシピ → P.034～037

- 納豆
- 雑穀ご飯

朝食のおかずといえば目玉焼き。皆さんはどんな味つけで楽しんでいますか。私は卵黄にしょうゆ、卵白にウスターソースをかけるのが好みです。「藤井食堂」では、卵と一緒にきのこを焼くのがポイント。卵と一体化して食べやすく、何より目玉焼きが味わい深くなります。みそ汁には植物性たんぱく質が摂れる厚揚げをたっぷりと。納豆も添えているので、朝に摂りたいたんぱく質量もじゅうぶんです。

## しいたけ目玉焼き

**材料・2人分**

卵……………………………4個
しいたけ……………………6枚
油……………………小さじ2
塩、こしょう…………各少量

1 しいたけは石づきを切り落とし、薄切りにする。

2 フライパンに油小さじ1を強火で熱し、1の½量を炒める。香ばしい香りがしたら塩、こしょうをふる。

3 2のフライパンの中央をあけ、卵2個を割り入れる。卵白の上に2のしいたけをのせ、中火にして卵白に火を通す。残りも同様に焼く。

## 厚揚げとあおさのみそ汁

**材料・2人分**

厚揚げ…………½枚（150g）
あおさ（乾燥）……………5g
だし汁……………カップ2
みそ…………大さじ1～1と½

1 厚揚げは1cm厚さのひと口大に切る。あおさはさっと水にくぐらせて水けをしぼる。

2 鍋にだし汁と厚揚げを入れて強火にかけ、煮立ったら弱火にして1～2分煮る。あおさを加えてみそを溶き入れ、煮立つ直前で火を止める。

卵B定食

# オムレツ定食

主菜
- チーズと細ねぎのオムレツ

差し替えレシピ → P.022～025

副菜
- ブロッコリーとひじきのサラダ → P.102

汁もの
- ペイザンヌスープ

差し替えレシピ → P.034～037

- 納豆ヨーグルト
- パン

ご飯の日が圧倒的に多い「藤井食堂」ですが、パン定食の日も。そんなときも納豆は欠かしません。意外かもしれませんが、ヨーグルトと納豆の組み合わせはとろとろつるんとした口当たりで食べやすいんです。主役のオムレツの中身は発酵食品のチーズと緑黄色野菜の細ねぎ。副菜には、たんぱく質とビタミン豊富なブロッコリーのサラダを。芽ひじきも加えるから、海藻の風味で飽きないおいしさに。

## チーズと細ねぎのオムレツ

**材料・2人分**

卵……4個

A
- 牛乳……大さじ4
- 塩……少量
- こしょう……少量

細ねぎ……5本
ピザ用チーズ……40g
バター……10g

## 納豆ヨーグルト

器に納豆2パック（80g）とプレーンヨーグルト200gを半量ずつ入れ、粗びき黒こしょう適量をかける（2人分）。

1 ボウルに卵を割りほぐし、Aを加えてよく混ぜる。細ねぎは小口切りにする。

2 フライパンにバター½量を弱火で溶かし、1の溶き卵½量を入れ、ゴムべらで大きく混ぜて広げる。

3 2の卵の上に細ねぎとピザ用チーズを½量ずつ散らし、木の葉形に包む。残りも同様に焼く。

## ペイザンヌスープ

**材料・2人分**

キャベツ……2枚
ホワイトマッシュルーム……6個
玉ねぎ……¼個
ベーコン……1枚
水……カップ2
塩……少量
こしょう……少量

1 キャベツは2cm四方に切る。マッシュルームは4等分に切る。玉ねぎは1.5cm角に切る。ベーコンは1.5cm四方に切る。

2 鍋に1と分量の水を入れて強火にかけ、煮立ったら弱火にして10分ほど煮る。

3 塩、こしょうで味をととのえる。

卵C定食

# 卵炒め定食

主菜
- 卵とえのきたけの炒めもの

差し替えレシピ→P.022～025

副菜
- 塩油ゆでほうれん草 →P.108

汁もの
- シェントウジャン風スープ

差し替えレシピ→P.034～037

- 納豆
- 発芽玄米ご飯

火の通りやすい卵は炒めものもおすすめ。16ページの目玉焼きと同様に、きのこを加えて栄養バランスを整えます。汁ものには、台湾のシェントウジャン風のスープを。温めた豆乳と酢を混ぜることで豆乳のたんぱく質がかたまり、フルフル、もろもろとした独特の食感に。豆乳のまろやかさ、酢の酸味、ラー油の辛み、小えびのうまみなどがひとつにまとまり、後を引くおいしさになります。

## 卵とえのきたけの炒めもの

**材料・2人分**

卵……4個
えのきたけ……1袋（100g）
油……大さじ½
塩……少量
こしょう……少量
オイスターソース……小さじ2

1 ボウルに卵を割りほぐし、塩、こしょうを加えて混ぜる。えのきたけは根元を切り落とし、長さを半分に切る。
2 フライパンに油を中火で熱し、えのきたけを炒める。しんなりしたら1の溶き卵を加えて大きく混ぜ、卵がふんわりするまで火を通す。
3 器に2を盛り、オイスターソースをかける。

## シェントウジャン風スープ

**材料・2人分**

豆乳（成分無調整。大豆固形分10％以上のもの）……カップ2
細ねぎ……2本
A 酢（米酢がおすすめ）……大さじ1
しょうゆ……小さじ1
小えび（乾燥）……10g
ラー油……少量

1 細ねぎは小口切りにする。
2 スープ皿に1とAを等分に入れる。
3 鍋に豆乳を入れて中火にかけ、煮立つ直前で火を止める。2の皿に注いでひと混ぜし、2分ほどおき、ラー油をかける。

# 卵 差し替えレシピ

カリカリに焼けたチーズと
とろとろ卵黄で朝からリッチな気分に。
トーストにのせて食べても

## カリカリチーズの目玉焼き

**材料・2人分**

卵……………………4個
ピザ用チーズ…………60g
油……………………小さじ2

**1** フライパンに油小さじ1を中火で熱し、卵2個を割り入れ、卵白のまわりにピザ用チーズ½量をのせる。

**2** チーズが溶けて少しこんがり焼け、卵白に火が通るまで焼く。残りも同様に焼く。

※好みで塩、こしょう各少量をふっても。

味つけは仕上げにかけるソースのみ。
削り節をパラリで、
お好み焼きのようなひと皿に

# 卵とピーマンの炒めもの

**材料・2人分**

卵……………………………4個
ピーマン……………………4個
油……………………………大さじ½
削り節………………小1袋（3g）
中濃ソース……………大さじ2

1 ボウルに卵を割りほぐす。ピーマンは縦半分に切ってへたと種を取り、小さめの乱切りにする。

2 フライパンに油を中火で熱し、ピーマンを炒める。油がまわり、しんなりしたら1の溶き卵を回し入れ、大きく混ぜる。卵がふんわりしたら削り節を加え、さっと混ぜる。

3 器に2を盛り、中濃ソースをかける。

# 卵 差し替えレシピ

蒸し時間が1分ならトロトロ卵黄、3分なら卵黄まで加熱されて食べごたえのあるおかずに

## わかめの巣ごもり風

**材料・2人分**

卵……………………………4個
カットわかめ（乾燥）…………6g
ごま油…………………大さじ½
塩……………………………適量

1 わかめは水でもどし、水けをきる。

2 耐熱容器に1の½量、ごま油大さじ¼、塩少量を入れて混ぜ、卵2個を割り入れる。これを2セット用意する。

3 大きめの鍋、またはフライパンに2cm深さまで水を注いで強火にかける。沸騰したら2の皿を並べて入れ、再び沸騰したらふたをし、強火のまま1〜3分蒸す。

※電子レンジで作る場合
作り方2で耐熱容器に材料を入れたら卵黄に爪楊枝で1か所ずつ穴をあけ、ラップをかけずに2〜3分加熱する（ひと皿ずつ作る）。

かにかまでたんぱく質を追加。
ふわふわに煮えた卵を
白いご飯にのせてもおいしい

## しめじとかにかまの卵とじ

**材料・2人分**

卵……………………4個
しめじ…………1パック（100g）
かに風味かまぼこ…………4本
A だし汁（または水）………カップ1
　みりん…………………小さじ1
　しょうゆ………………小さじ1
塩……………………小さじ¼

1 ボウルに卵を割りほぐす。しめじは小房に分ける。かにかまは長さを半分に切ってほぐす。

2 直径20㎝のフライパンにA、しめじ、かにかまを入れて強火にかける。煮立ったら2分ほど煮る。

3 2に1の溶き卵を回し入れ、ふんわりとかたまるまで火を通す。

# 冷ややっこ定食

主菜
○ 納豆としらすの梅だれ冷ややっこ
差し替えレシピ → P.028〜029

副菜
○ いんげんのごま和え
→ P.104

汁もの
○ 根菜ときのこの豚汁
差し替えレシピ → P.034〜037

○ ご飯

単なる冷ややっこではありません。これでもか！と具をたっぷりのせたボリューム抜群のおかずやっこです。豆腐は厚みを半分にするのが「藤井食堂」の切り方。このほうが具がたっぷりのせられます。主菜も副菜もひんやりしているので、汁ものには、体が温まる根菜と豚肉で具だくさんに。冷たいおかずと温かいおかずをバランスよく組み合わせるのも、食べる人が喜ぶ定食作りの基本です。

## 納豆としらすの梅だれ冷ややっこ

**材料・2人分**

木綿豆腐……1丁（300g）
納豆……2パック（80g）
かまあげしらす……30g
細ねぎ……2本
A 梅肉……小さじ2
水……小さじ2
砂糖……小さじ½
しょうゆ……小さじ½

1 豆腐は厚みを半分に切る。細ねぎは小口切りにする。Aはよく混ぜる。

2 皿に豆腐を盛り、納豆、しらす、細ねぎをのせ、Aをかける。

## 根菜ときのこの豚汁

**材料・2人分**

豚ロース薄切り肉（しゃぶしゃぶ用がおすすめ）……100g
里いも……2個
ごぼう……¼本（30g）
にんじん……¼本
しめじ……½パック（50g）
だし汁……カップ2
みそ……大さじ1〜1と½
七味唐辛子……適量

1 里いもは皮をむいて1cm幅の輪切りにする。ごぼうは皮をこすり洗いして、斜め薄切りにする。にんじんは5mm幅の半月切り、しめじは小房に分ける。豚肉はひと口大に切る。

2 鍋にだし汁、里いも、ごぼう、にんじんを入れ、豚肉も入れて菜箸でほぐす。中火にかけ、煮立ったらアクを取り除き、弱火で10分ほど煮る。

3 しめじを加え、再び煮立ったらみそを溶き入れ、煮立つ直前で火を止める。器に盛り、七味唐辛子をふる。

# 冷やヤっこ 差し替えレシピ

コロコロに切った色とりどりの野菜が見た目にもおいしそう。洋風ソースが豆腐によくなじみます

## アボカド・トマト・きゅうりのマスタードソース冷ややっこ

**材料・2人分**

木綿豆腐……………1丁（300g）
アボカド……………1個
トマト………………1個
きゅうり……………½本
A
オリーブ油…………大さじ1
白ワインビネガー……大さじ½
イエローマスタード…小さじ2
玉ねぎのすりおろし…小さじ1
塩…………………少量

1 豆腐は厚みを半分に切る。アボカドは半分に切って種と皮を取り除き、2㎝角に切る。トマト、きゅうりも2㎝角に切る。Aはよく混ぜる。

2 皿に豆腐を盛り、アボカド、トマト、きゅうりをのせ、Aをかける。

高たんぱくの鶏ささ身とミネラルたっぷりのわかめを。夜のおつまみにもいいんです

## ささ身とわかめのごまだれ冷ややっこ

**材料・2人分**

木綿豆腐……1丁（300g）
鶏ささ身……3本（120g）
A 酒……小さじ1
こしょう……少量
カットわかめ（乾燥）……6g
B 酢……大さじ1
しょうゆ……大さじ1
すり白ごま……大さじ1
砂糖……小さじ½
ごま油……小さじ½

1 鶏ささ身は筋を取り、表面にフォークで刺して穴をあける。耐熱皿に並べてAをからめ、ラップをふんわりとかけ、電子レンジで2分加熱する。粗熱が取れたら食べやすくほぐす。

2 わかめは水でもどし、水けをきる。

3 豆腐は厚みを半分に切る。Bはよく混ぜる。

4 皿に豆腐を盛り、わかめ、ささ身をのせ、Bをかける。

# 干もの定食

ご飯とみそ汁に干ものや納豆を添えた“旅館の朝ごはん”のような定食です。うちの干もの、おいしいって評判なんです。秘密は焼く前に酒をからめること。魚の臭みが抜け、うまみが増して、焼き色にツヤが出ます。これだけで安い干ものでもおいしさがアップします。主菜だけでなく、副菜にちりめんじゃこ、汁ものに豆腐を加えて、朝からしっかりたんぱく質が摂れるようにしました。

主菜
- 焼き塩さば 梅おろし添え

副菜
- 水菜とじゃこの煮びたし

→ P.109

汁もの
- 豆腐・まいたけ・わかめのみそ汁

差し替えレシピ → P.034～037

- 納豆

差し替えレシピ → P.032～033

- ご飯

## 焼き塩さば
## 梅おろし添え

**材料・2人分**

塩さば（半身）……2切れ
酒……大さじ½
大根……5㎝（150g）
梅肉……小さじ1

1 塩さばは酒をからめる。魚焼きグリルに並べ、上下中火で7〜8分焼く。

2 大根は皮をむかずにすりおろし、水けを軽くきって梅肉を混ぜる。

3 器に1を盛り、2を添える。

## 豆腐・まいたけ・
## わかめのみそ汁

**材料・2人分**

木綿豆腐……½丁（150g）
まいたけ……½パック（50g）
カットわかめ（乾燥）……3g
だし汁……カップ2
みそ……大さじ1〜1と½

1 わかめは水でもどし、水けをきる。まいたけは食べやすくほぐす。

2 鍋にだし汁を入れ、豆腐をひと口大にちぎって加える。1も加えて強火にかけ、煮立ったら弱火にして1〜2分煮る。みそを溶き入れ、煮立つ直前で火を止める。

# 納豆 差し替えレシピ

別名「藤井食堂のサプリ」。
腸がすっきりする最強ペア

## めかぶ納豆

**材料・2人分**

納豆……2パック（80g）
めかぶ（味つけしていないもの）……80g
A 酢……小さじ1
　しょうゆ……小さじ½

1 器に納豆とめかぶを盛り、混ぜたAをかける。

ねばねばや納豆の香りが
気になる人にもおすすめ

## 梅おろし納豆

**材料・2人分**

納豆……2パック（80g）
大根……5cm（150g）
梅肉……小さじ1

1 大根は皮をむかずにすりおろし、水けを軽くきって梅肉を混ぜる。
2 器に納豆と1を盛る。

腸が元気になる
ダブル発酵食材使い

## キムチ納豆

**材料・2人分**

納豆……2パック（80g）
白菜キムチ……60g
ごま油……少量

1 白菜キムチは粗みじんに切る。
2 器に納豆と1を盛り、ごま油をかけて混ぜる。

# こんな食べ方もおすすめ

おすすめは海藻サラダ。納豆と海藻の風味がよく合います。レタスで包んだり、トマトやゆでたもやしにかけたりしてもおいしい。溶き卵と合わせてご飯にかけて食べるのも好きです。

## 納豆ドレッシング

**材料・2人分**

納豆……………………2パック（80g）
A しょうゆ……………小さじ1
　酢…………………小さじ1
　ごま油……………小さじ1
　練り辛子…………小さじ½

1 納豆とAをよく混ぜる。

# 朝 汁もの差し替えレシピ

朝定食はワンパターンでいい。それが「藤井食堂」の考え方です。でも、少し変化をつけたいときは、汁ものやスープの具や味つけにひと工夫を。

## なめことひじきのみそ汁

**材料・2人分**

なめこ……1袋(100g)
芽ひじき(乾燥)……5g
だし汁……カップ2
みそ……大さじ1〜1と½

1 芽ひじきはたっぷりの水に15〜30分浸してもどし、洗ってざるに上げ、水けをきる。

2 鍋にだし汁とひじきを入れて強火にかけ、煮立ったら中火にして2〜3分煮る。なめこを加えてみそを溶き入れ、煮立つ直前で火を止める。

## かぶとえのきたけのみそ汁

**材料・2人分**

かぶ……2個
かぶの葉……1個分(100g)
えのきたけ……½袋(50g)
だし汁……カップ2
みそ……大さじ1〜1と½

1 かぶは皮をむかずに1cm幅のくし形に切る。かぶの葉は3cm長さに切る。えのきたけは根元を切り落とし、長さを3等分に切る。

2 鍋にだし汁、かぶ、えのきたけを入れて強火にかけ、煮立ったら中火にして2〜3分煮る。かぶの葉を加えてみそを溶き入れ、煮立つ直前で火を止める。

# オクラと長いもの吸いもの

**材料・2人分**

オクラ……4本
長いも……5cm
だし汁……カップ2
A しょうゆ……小さじ½
　塩……小さじ⅓

1 オクラは薄い小口切りにする。長いもは皮をむかずに1cm角に切る。

2 鍋にだし汁、Aを入れて強火にかけ、煮立ったら中火にしてオクラ、長いもを加える。再び煮立ったら火を止める。

# 高野豆腐とにらのみそ汁

**材料・2人分**

高野豆腐(小)……20g
にら……½束
だし汁……カップ2
みそ……大さじ1〜1と½

1 高野豆腐は熱湯をかけて2〜3分おき、水けを軽くしぼる。にらは3cm長さに切る。

2 鍋にだし汁、高野豆腐を入れて強火にかけ、煮立ったら中火にして5分ほど煮る。にらを加えてみそを溶き入れ、煮立つ直前で火を止める。

# 朝 スープ差し替えレシピ

## しめじと玉ねぎの豆乳スープ

**材料・2人分**

しめじ……1パック（100g）
玉ねぎ……¼個
豆乳（成分無調整。大豆固形分10％以上のもの）……カップ2
塩……小さじ⅕
こしょう……少量
オリーブ油……小さじ1

1 しめじは小房に分ける。玉ねぎは薄切りにする。
2 鍋にオリーブ油を中火で熱し、1を炒める。しんなりしたら豆乳を加え、煮立ったら塩、こしょうを加えてさっと混ぜ、火を止める。

## オクラのトマトスープ

**材料・2人分**

オクラ……6本
トマトジュース（食塩不使用）……カップ2
レモン汁……大さじ½
塩……少量
こしょう……少量
オリーブ油……小さじ1

1 オクラは薄い小口切りにする。
2 鍋にトマトジュース、オクラを入れて強火にかけ、煮立ったら中火にしてレモン汁、塩、こしょうを加えて混ぜ、火を止める。
3 器に2を盛り、オリーブ油をかける。

## 韓国風わかめスープ

**材料・2人分**

カットわかめ（乾燥）……10g
A ナンプラー……小さじ1
にんにくのすりおろし……小さじ½
ごま油……小さじ1
煮干しだし……カップ2
いり白ごま……適量

1 わかめは水でもどし、水けをきる。
2 鍋にわかめ、A、ごま油を入れてよく混ぜ、中火にかけていりつける。にんにくの香りが立ったら煮干しだしを加え、5〜6分煮る。
3 器に2を盛り、ごまをふる。

## かぼちゃのミルクスープ

**材料・2人分**

かぼちゃ……200g
玉ねぎ……¼個
水……カップ1
牛乳……カップ1
塩……少量
粗びき黒こしょう……少量

1 かぼちゃはわたと種を取り除き、ざく切りにする。玉ねぎは横薄切りにする。
2 鍋にかぼちゃ、玉ねぎ、分量の水を入れてふたをし、強火にかける。煮立ったら中火にし、10分ほど煮る。
3 かぼちゃがやわらかくなったらマッシャーなどでつぶし、牛乳、塩を加えて混ぜ、温まったら火を止める。
4 器に3を盛り、こしょうをふる。

# だしを取るのが朝一番の仕事です

b.　a.

朝の仕込みは、だしを取ることから始まります。昆布かつおだしはみそ汁などの汁ものや煮もの、おひたしなどさまざまな料理に活用し、煮干しだしはおもにみそ汁や韓国料理に使います。市販のだしの素を使ってもよいですが、自分で取っただし汁のおいしさは格別。うまみが豊かで、塩分を控えても料理がじゅうぶんおいしくなります。時間がないときは自家製の粉だしが便利。多めに作って冷凍しておくとよいでしょう。

## 基本のだし汁

### a. 昆布かつおだし

**材料（作りやすい分量）**
昆布（10×5cm）…1枚
削り節…20～30g
水…カップ6

1　鍋に水カップ5と昆布を入れ、1時間以上おく。弱火にかけ、ふつふつと細かい泡が出てきたら昆布を取り出す。

2　1に水カップ1、削り節を加えて中火にし、煮立ったら弱火にして1分ほど煮る。火を止め、5分ほどおく。

3　2をこし、冷めたら保存容器に入れる。冷蔵で4～5日保存可能。

### b. 煮干しだし

**材料（作りやすい分量）**
煮干し…20～30g
昆布（5×5cm）…1枚
水…カップ6

1　煮干しは頭とえらを取り、胴を半分に割ってわたを取り除く。

2　鍋に煮干しの頭、胴を入れて中火で3～4分からいりする。

3　2に昆布、分量の水を加え、煮立ったらアクを取り除き、弱火にして10分ほど煮る。

4　3をこし、冷めたら保存容器に入れる。冷蔵で4～5日保存可能。

## 忙しいときに便利 粉だし

ミルサーやミキサーに花かつお（または煮干し）、昆布の順に入れ、粉状にする。

### 花かつお粉だし

**材料（作りやすい分量）**
花かつお…50g
昆布…3g
（キッチンばさみで1cm四方に切る）

### 煮干し粉だし

**材料（作りやすい分量）**
煮干し…50g
（煮干しだしの作り方2まで行う）
昆布…3g
（キッチンばさみで1cm四方に切る）

**使い方と保存方法**
汁ものに使うときは、水（または湯）カップ2に粉だし大さじ1～2を加えて煮る。使いきれない分は、大さじ1～2ずつラップで包んで冷凍がおすすめ（約1か月保存可能）。

# 米はしっかり洗い、すっきりとした味に

定食に欠かせない、ご飯。ご飯の炊き方はさまざまなやり方があり、答えはひとつではありません。私は家族の好みに合わせ、夏は水分を少し減らしてかために、冬は水分を多めにしてやわらかめに炊きます。一番のポイントは、水が透明になるまで米をしっかり洗うこと。色が白く、香りも味もすっきりとしたきれいなご飯に炊き上がります。ふだんは白いご飯を食べますが、食物繊維やビタミンを含む雑穀や発芽玄米を混ぜて炊くことも。

## ご飯の炊き方のコツ

### 米は優しくなで洗い

ボウルの上にざるや万能こし器を重ね、米を入れて洗います。赤ちゃんのほっぺをなでるように優しく米をこすりながら、水が透明になるまで5〜7回水を替え、汚れやぬかを洗い流します。

### 浸水は時間をかけて

浸水は最低でも2時間以上。米の芯までしっかり水分をゆき渡らせます。米全体が完全に白くなるまで浸水させればOK。冬ならひと晩おくのがベストです。

### 炊飯は早炊きモードで

炊飯器で炊く場合、じゅうぶんに浸水させた米なら普通モードよりも早炊きモードのほうがおいしく炊けます。短時間で一気に釜内の温度が上がるため、米に早く火が入って粒の立ったふっくらご飯が炊けます。

## アレンジご飯

### 雑穀ご飯

米の⅓量を雑穀に差し替えて、白いご飯と同じように炊きます。雑穀の食物繊維、ビタミン、ミネラルが手軽に摂れます。

### 発芽玄米ご飯

米の⅓〜½量を発芽玄米に差し替えて、白いご飯と同じように炊きます。塩を少量加えるとおいしく炊けます。食物繊維やミネラルのほか、ストレス軽減や睡眠の向上に効果的といわれる機能成分・ギャバも豊富。

# 藤井食堂の昼めん

仕事の合間のランチタイムには、つるっと食べられるめん類が喜ばれます。「藤井食堂」のめんは、作る人にとってもうれしいメニューばかり。パスタをゆでるのもソースを作るのもフライパンひとつでOKだったり、缶詰の具と汁をすべて使ってつけめんにしたりと、手早くできる工夫が詰まっています。たんぱく質が摂れる食材をめんの具に必ず加えているのもセールスポイント。

# さばそうめん

カルシウムが手軽に摂れる「さば水煮」を使ったつけめん。
うまみが溶け込んだ缶汁もすべて使いきります。
そうめんのほかに、細めのうどんやそばもよく合います。

**材料・2人分**

そうめん……150g
さば水煮缶……1缶(180g)
わけぎ……2〜3本
えのきたけ……1袋(100g)
水……カップ1と½
A しょうゆ……大さじ1と½
みりん……大さじ1と½
しょうがのすりおろし……小さじ1

1 わけぎは青い部分を小口切りにし、白い部分を3cm長さに切る。えのきたけは根元を切り落とし、長さを半分に切る。

2 鍋にさば水煮を缶汁ごと入れ、分量の水、A、わけぎの白い部分も入れて中火にかける。煮立ったら2〜3分煮る。

3 そうめんは袋の表示時間通りゆで、流水で洗って水けをしぼる。

4 皿にそうめんを盛り、器に2を盛る。わけぎの青い部分を添える。

# カレー焼きそば

合わせ調味料を加えて蒸し焼きにするのが「藤井食堂」流。蒸している間にめんと具に味がなじみ、適度な水分でめんがしっかりほぐれます。

そそる香りで食欲がムクムク湧いてくる、カレー風味の焼きそば。
粉末ソースとカレー粉を水で溶いてフライパンに加え、
めんと具を蒸し焼きにするのが、味ムラなく仕上げるコツです。

**材料・2人分**

焼きそばめん……2玉
豚ロース薄切り肉……150g
キャベツ……2枚
まいたけ……1パック(100g)
もやし……½袋(100g)
A
焼きそばの付属ソース(粉)……2袋
水……カップ¼
カレー粉……小さじ1
にんにくのすりおろし……小さじ½
油……大さじ½

1 キャベツは3cm四方に切る。まいたけは食べやすくほぐす。豚肉は3cm長さに切る。Aは混ぜる。

2 フライパンに油を強火で熱し、豚肉を炒める。肉がほぐれたら、まいたけ、キャベツを加えてさらに炒める。

3 具に油がまわったら、焼きそばめんをほぐして加え、もやし、Aも加えてふたをし、中火にして2分ほど蒸し焼きにする。

4 ふたを外し、全体に味がからむまで炒め合わせる。

# 豆腐うどん

豆腐をドンとのせた大胆なうどんは、駅そばで食べたメニューをヒントに。
スタミナがつくやまといもや卵黄も一緒にトッピング。
豆腐をくずしながら、とろん&つるんののど越しを楽しんで。

**材料・2人分**

うどん(冷凍)……2玉
木綿豆腐……1丁(300g)
やまといも……50g
長ねぎ……⅓本
A
だし汁……カップ3
しょうゆ……大さじ3
みりん……大さじ2
卵黄……2個分
削り節……小1袋(3g)

1 耐熱皿に豆腐をのせてふんわりとラップをかけ、電子レンジで3分加熱し、長さを半分に切る。
2 やまといもは皮をむいてすりおろす。長ねぎは小口切りにし、水にさらして水けをしぼる。
3 鍋にAを入れて強火にかけ、煮立ったらうどんを凍ったまま加え、あつあつになるまで温める。
4 丼に3を盛り、豆腐をのせる。豆腐の上にやまといも、卵黄、長ねぎ、削り節をのせる。

# トマトとベーコンのワンパンスパゲッティ

スパゲッティは水に浸してから煮ると、火が入りやすくなります。ほどよく水分を吸い、生パスタのようなもちもち食感に。

まるで生パスタで作ったような、もっちり食感が自慢です。
具とスパゲッティを一緒に煮る（ゆでる？）ので、
ソースのおいしさが、しっかりとからみます。

**材料・2人分**

スパゲッティ……………120g
トマト水煮缶……………400g
ベーコン……………………4枚
黄パプリカ…………………1個
にんにく…………………1かけ
オリーブ油……………大さじ2
水…………………………カップ½
塩…………………………小さじ¼
粉チーズ……………………大さじ3
粗びき黒こしょう……………適量

1 スパゲッティは半分に折ってひたひたの水に10分ほど浸し、水けをきる。

2 ボウルにトマト水煮を入れ、細かくつぶす。ベーコンは1㎝幅に切る。パプリカは半分に切ってへたと種を取り除き、ひと口大に切る。にんにくはみじん切りにする。

3 フライパンにオリーブ油とにんにくを入れ、弱火で炒める。香りが立ったら中火にしてベーコンを炒め、トマト水煮と分量の水を加える。煮立ったら1、パプリカを加え、混ぜながら袋の表示時間通り煮る。

4 3に塩と、粉チーズの½量を加えてさっと混ぜる。

5 器に4を盛り、残りの粉チーズと黒こしょうをふる。

# カリカリ油揚げと温玉のぶっかけそば

ぶっかけそばの主役は、カリカリに揚げ炒めした油揚げ。
おかきのような小気味よい歯ごたえと香ばしさに感動します。
温泉卵とベビーリーフも一緒にざくざく混ぜてどうぞ。

**材料・2人分**

そば(乾めん)……200g
油揚げ……1枚
温泉卵……2個
ベビーリーフ……1パック(30g)
油……大さじ3
A だし汁……カップ1
　しょうゆ……大さじ2
　みりん……大さじ1
練りわさび……適量

1 油揚げは1cm四方に切る。フライパンに油揚げと油を入れて中火にかけ、カリッとするまで炒める。キッチンペーパーの上に油揚げをのせ、油をきる。

2 Aは鍋に入れてひと煮立ちさせ、冷ます。そばは袋の表示時間通りゆで、流水で洗って水けをしっかりきる。

3 器にそば、ベビーリーフ、温泉卵、1をのせ、Aをかけてわさびを添える。

# そうめんのフォー風

鶏ひき肉と白ワインを先に混ぜてから炒めると、肉がパサつかず、ふっくらと火が入ります。

炒めたひき肉が具となり、スープのおいしいだしになります。
ナンプラーと砂糖の味つけ、たっぷりのパクチー（香菜）、
きゅっとしぼったレモンの香りで、気分はベトナムまでひとっ飛び！

**材料・2人分**

そうめん……100g
鶏ひき肉（むね肉、または鶏ささ身がおすすめ）……150g
白ワイン（または酒）……大さじ2
香菜……2株（30g）
にんにく……1かけ
しょうが……1かけ
水……カップ4
A ナンプラー……大さじ1と½
　砂糖……大さじ1
粗びき赤唐辛子……少量
レモン（くし形切り）……2切れ

**1** にんにく、しょうがはたたきつぶす。香菜は根があれば切り落とし、葉を摘み、茎を3㎝長さに切る。

**2** 鍋にひき肉と白ワインを入れて混ぜ、中火にかける。ひき肉が白っぽくなったら、にんにく、しょうが、あれば香菜の根、分量の水を加え、煮立ったらアクを取り除き、弱火にして10分ほど煮る。

**3** そうめんは袋の表示時間より少し短めにゆで、流水で洗って水けをしぼる。

**4** 2の鍋にAと3のそうめんを加え、煮立ったら火を止める。

**5** 丼にそうめん、スープ、ひき肉を盛り、香菜の葉と茎をのせて赤唐辛子をふり、レモンを添える。

# 藤井食堂の夜定食

作るのも食べるのも慌ただしい朝食や昼食とは異なり、夕食は食事そのものをゆっくり楽しむ時間。主菜は赤身の肉や栄養豊富な青魚を中心に、良質なたんぱく質で作ります。お酒好きな私にとって「藤井食堂」の夜定食は晩酌セット。主菜と副菜に、お酒に合う1品を添えるのがのんべえ店主ならではの組み合わせです。とはいえ、ご飯にも合うおかずですので、飲まない人もおいしく味わえます。

# 夜定食は、主菜＋副菜＋もう1品の3品にお酒（またはご飯）がつきます

## 夜のたんぱく質は赤身の肉と魚が中心

夜の主菜は肉と魚をメインに、ときどき豆腐も組み合わせて。とくに魚は意識的に食べています。煮もの、炒めもの、揚げものなどさまざまな調理法で食材の持ち味を生かします。

＋

## 朝と同じように緑黄色野菜でさっと

夜も栄養価の高い緑黄色野菜で、簡単に作れる野菜のおかずを。主菜がこってりした味なら、さっぱりした味の副菜を合わせるなど、味のバランスを整えることも大事。

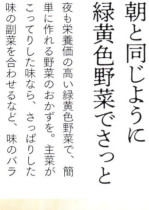

## 体にいい食材でお酒にもご飯にも合う1品を

夜定食ではお酒をゆっくり楽しみたいので、おつまみになる1品を足します。朝に十分食べられなかった海藻やきのこ、朝定食では使いづらい根菜類などを積極的に使います。

## 好きなお酒を料理と楽しむ

お酒は体に負担のない量(ビールは350㎖、日本酒は1合)を目安にちびちびと、がマイルールです。飲まない人は、お酒をご飯に差し替えればOKです。

# 夜定食 レギュラー食材

## 肉

健康な体作りに欠かせないたんぱく質。脂身が多いとエネルギー量も高くなり、胃がもたれるので、高たんぱく低脂肪の部位を選んでいます。

### よく食べる肉と部位

**鶏肉**　むね肉ともも肉を食べます。とくにむね肉は高たんぱく低脂肪な優秀食材。

**豚肉**　疲労回復効果の高いビタミンB$_1$を多く含有。赤身と脂身のバランスがよいロースを。

**牛肉**　鉄や亜鉛も豊富。脂身の多い部位よりも赤身がおいしいもも肉を選びます。

**ひき肉**　鶏ひき肉はむね肉をひいたもの、豚や牛は赤身の部位のひき肉を選択。

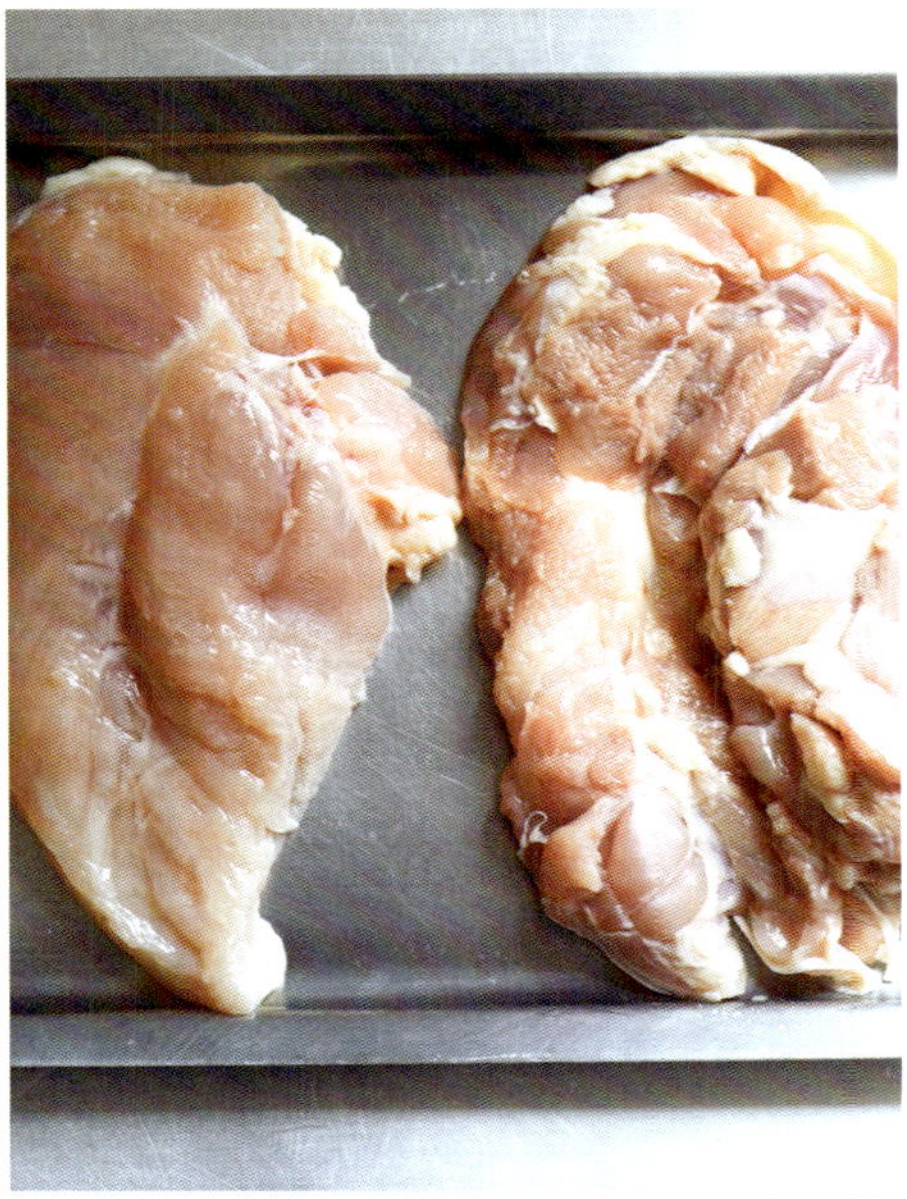

# 魚介

肉にはない栄養が摂れるので、週の半分ほどは魚を食べるようにしています。とくに血液サラサラ効果の高い青魚や、アンチエイジング効果が期待できるさけを中心にバランスよく選ぶようにしています。

よく食べる魚

**青魚**　あじ、いわし、さばなどの青魚は、血液をサラサラにするEPA、脳の働きを活性化させるDHAといった不飽和脂肪酸を多く含み、カルシウムの吸収を助けるビタミンDも豊富。

**さけ**　さけの赤い色はカロテノイドの一種で、抗酸化作用の非常に高いアスタキサンチン。体の酸化をおさえ、アンチエイジングや疲労回復に効果的といわれています。

# 豆腐

朝だけでなく、夜にもたんぱく源として食べています。動物性食品と一緒に食べるほうが、たんぱく質を効果的に摂取できるといわれているので、夜は肉と調理することが多いです。

# 野菜

夜もビタミンCやβカロテンが豊富な緑黄色野菜を中心に食べています。朝と同様に、1種類の野菜を和えものやおひたしなど、無理をせずシンプル調理。食物繊維が豊富な根菜類はきんぴらなどにして、「もう1品」として楽しみます。

パリッと焼けた皮目が食欲をそそるチキンソテー。皮パリのコツは、ベーコンプレスや鍋のふたの重みで、肉を押しながら焼くこと。鶏もも肉で作ってもおいしいですが、鶏むね肉なので、たんぱく質がよりしっかりと摂取できます。副菜には白ワインに合うフレッシュなサラダとペペロンチーノを。和の食材のひじきやごぼうも、にんにくとオリーブ油で炒めれば、ワインと好相性のおつまみに。

鶏肉A定食

# チキンソテー定食

主菜
- チキンソテー
  → P.056
  差し替えレシピ
  → P.058～061

副菜
- ルッコラのサラダ
  → P.103

もう1品
- ひじきとごぼうのペペロンチーノ
  → P.056

- 白ワイン

ビールといえばから揚げ、から揚げといえばビール。「藤井食堂」のから揚げは、通常のものとはひと味違います。秘密は下味。オイスターソースを使い、鶏肉そのものの甘みを引き出します。少しの酢は味にメリハリを出すための隠し味。おろしにんにくで、ビールが止まらない香りを足しています。貝割れ菜の甘酢和えは、貝割れと練り辛子のシャープな辛みが、から揚げの口直しにぴったり。

鶏肉B定食

# 鶏のから揚げ定食

主菜
- 鶏のオイスターソースから揚げ → P.057

差し替えレシピ → P.062～063

副菜
- 貝割れ菜とわかめの甘酢和え → P.107

もう1品
- れんこんとしめじのきんぴら → P.057

- ビール

チキンソテー定食
P.052

ベーコンプレスを肉の上において焼きます。ぎゅうぎゅう押しつける必要はありません。皮がパリパリになるほか、肉に熱がほどよくこもり、ジューシーに焼き上がります。ベーコンプレスがなければ、鶏肉にのせられる大きさの鍋のふたを代用しても。

主菜

## チキンソテー

**材料・2人分**

鶏むね肉……小2枚（300g）
まいたけ……1パック（100g）
A 塩……小さじ⅔
　こしょう……少量
小麦粉……適量
オリーブ油……大さじ½
レモン（くし形切り）……2切れ

1 鶏肉は厚い部分をめん棒やげんこつでたたき、厚みを均一にする。室温に20分ほどおき、表面にAをすり込む。
2 まいたけは食べやすくほぐす。
3 1に小麦粉を薄くまぶす。フライパンにオリーブ油を強めの中火で熱し、鶏肉の皮を下にして入れ、ベーコンプレスをおいて3分ほど焼く。
4 ベーコンプレスを取り、鶏肉の上下を返す。まいたけも加えてときどき返しながら肉とともに3分ほど焼く。火を止め、3分ほどそのままおく。
5 皿に4を盛ってこしょう適量（分量外）をふり、レモンを添える。

にんにくと赤唐辛子は焦げやすいので初めから炒めず、ごぼうにこんがりと焼き色がついてから加えます。

もう1品

## ひじきとごぼうのペペロンチーノ

**材料・2人分**

芽ひじき（乾燥）……10g
ごぼう……½本（60g）
オリーブ油……大さじ½
A にんにくのみじん切り…1かけ分
　赤唐辛子の輪切り……1本分
白ワイン……大さじ2
塩……小さじ¼

1 芽ひじきはたっぷりの水に15〜30分浸してもどし、洗ってざるに上げ、水けをきる。ごぼうは皮をこすり洗いして水けをふき、5〜6cm長さに切り、縦4等分に切る。
2 フライパンにオリーブ油を強火で熱し、ごぼうを炒める。表面に油がまわり、火が通ったらAを加え、中火にして炒める。
3 香りが立ったら芽ひじき、白ワインを加えて2〜3分炒め、塩を加えてさっと混ぜる。

P.054

から揚げは通常、しょうゆや塩で下味をつけますが、オイスターソースで変化を出しました。コクと甘みが加わって、鶏肉のうまみも引き立ちます。酢が味の引き締め役に。

主菜

## 鶏のオイスターソースから揚げ

**材料・2人分**

鶏もも肉……1枚(250g)

A
- オイスターソース……小さじ2
- 酒……小さじ2
- しょうゆ……小さじ1
- 酢……小さじ1
- にんにくのすりおろし…小さじ½

片栗粉……適量

揚げ油……適量

1 鶏肉はひと口大に切り、Aをもみ込んで20分ほどおく。

2 肉の汁けをふき、片栗粉をまぶす。

3 揚げ油を180℃に熱し、2をカリッとするまで3～4分揚げる。

れんこんは蒸し焼きにして甘みと香りをじわじわと引き出します。蒸し焼きにすることで、きんぴららしいシャキッとした歯ごたえに仕上がります。

もう1品

## れんこんとしめじのきんぴら

**材料・2人分**

れんこん……1節(150g)

しめじ……1パック(100g)

油……小さじ1

A
- みりん……大さじ½
- 塩……小さじ¼

1 れんこんは皮をむかずに1cm幅の半月切りにする。しめじは小房に分ける。

2 フライパンに油を強めの中火で熱し、れんこんをさっと炒め、ふたをして蒸し焼きにする。れんこんに焼き色がついたら上下を返し、再びふたをして同様に蒸し焼きにする。

3 しめじを加えて炒め、ツヤが出たらAを加えて味をからめる。

# 鶏むね肉 差し替えレシピ

ふっくらと蒸し上がった鶏肉に特製だれをたっぷりかけて。もやしからも良いだしが出ます

## よだれ鶏

**材料・2人分**

鶏むね肉……小2枚(300g)
A 塩……少量
こしょう……少量
豆もやし……1袋(200g)
香菜……2株
B 酒……大さじ2
水……大さじ2
C しょうゆ……大さじ1
すり白ごま……大さじ½
酢……小さじ2
砂糖……小さじ1
ごま油……小さじ1
ラー油……小さじ1
にんにくのすりおろし……小さじ1
しょうがのすりおろし……小さじ1
粉山椒……小さじ½

1 鶏肉はAをすり込む。香菜は葉を摘み、茎を小口切りにする。
2 フライパンに豆もやし、鶏肉の順に入れてBをふり、ふたをして強火にかける。ふつふつとしてきたら弱火にし、8分ほど加熱する。火を止め、そのまま10分ほどおく。
3 ボウルにCを入れ、2の蒸し汁大さじ2、香菜の茎を加えて混ぜる。
4 鶏肉は食べやすく切る。
5 器に豆もやし、鶏肉、香菜の葉を盛り、3のたれをかける。

豆もやしの上に鶏肉をのせて蒸しゆでに。鶏肉のうまみを豆もやしが受け止めます。レンジ蒸しもいいけれど、フライパンで蒸すほうがムラなく均一に加熱できます。

低温のオーブンで時間をかけて焼くから中心までしっとり。しょうがの香りとはちみつの甘みがアクセントに

## 鶏肉のチャーシュウ

**材料・2人分**

鶏むね肉……小2枚(300g)
A みそ……大さじ2
酒……大さじ2
しょうがのすりおろし……大さじ2
はちみつ……大さじ1
サラダ菜……適量

1 鶏肉は皮目にフォークで刺して穴をあける。ポリ袋にAを入れてよく混ぜ、鶏肉も入れて袋の上からもみ込む。冷蔵室に1時間以上おいて味をなじませる(ひと晩おくと味がよくなじむ)。
2 オーブンを150℃に予熱する。
3 オーブンの天板にオーブンシートを敷き、肉のたれをぬぐって並べ、100℃のオーブンで40分焼く。
4 肉のたれを小鍋に入れて水大さじ2(分量外)を加え、中火にかけて混ぜながらとろみをつける。
5 鶏肉を食べやすく切って皿に盛り、サラダ菜を添える。4のたれも添える。

焼き上がりの状態。低温のオーブンで長時間焼くことで、「こんがり」ではなく「しっとり」と焼き上がります。

# 鶏むね肉 差し替えレシピ

クミン、にんにく、こしょう、ナンプラーがきいたエスニック味。むね肉以外にも鶏手羽や豚・牛の厚切り肉を漬けてもおいしい

## 鶏肉のスパイシーグリル

**材料・2人分**

鶏むね肉……………小2枚（300g）
A
ナンプラー…………大さじ1
レモン汁……………大さじ1
砂糖…………………小さじ1
クミンパウダー……小さじ1
オリーブ油…………小さじ1
粗びき黒こしょう……小さじ½
にんにくのすりおろし
……………………小さじ½

ベビーリーフ………1パック（30g）

1 鶏肉は皮を取り除き、2cm幅のぶつ切りにする。
2 ポリ袋にAを入れてよく混ぜ、鶏肉も入れて袋の上からもみ込む。冷蔵室に1時間以上おいて味をなじませる（ひと晩おくと味がよくなじむ）。
3 魚焼きグリルに2を並べ、上下強めの中火でこんがりと6～7分焼く。
4 皿にベビーリーフを敷き、3を盛る。

塩麹と片栗粉で、むね肉のパサつきをおさえます。セロリのさわやかな香りがビールをそそる！

## 鶏肉・きくらげ・セロリの塩麹炒め

**材料・2人分**

鶏むね肉……………1枚（250g）
A
酒……………………大さじ½
こしょう……………少量
きくらげ（乾燥）……………10g
セロリ………………1本
B
塩麹…………………大さじ1
酒……………………大さじ½
にんにくのすりおろし小さじ½

片栗粉………………大さじ1
油……………………大さじ1

1 鶏肉は皮を取り除いて1cm幅の薄切りにし、Aをもみ込む。
2 きくらげは水でもどし、もみ洗いをしてひと口大に切る。セロリは茎、葉ともに斜め1cm幅に切る。Bは混ぜる。
3 鶏肉に片栗粉をまぶす。フライパンに油を強めの中火で熱し、鶏肉を1切れずつ入れて炒める。
4 鶏肉にやっと火が通ったらセロリの茎、きくらげを加えて炒める。油がしっかりまわったら、B、セロリの葉を加えて炒め合わせる。

# 鶏もも肉 差し替えレシピ

甘辛く、茶色く煮上がった「藤井食堂」で大人気のおかず。ビールも白いご飯も無限に進む?!

## 鶏じゃが

**材料・2人分**

鶏もも肉……1枚(250g)
A しょうゆ……小さじ1
　酒……小さじ1
玉ねぎ……½個
にんじん……½本
じゃがいも……2個
にんにく……1かけ
片栗粉……適量
油……大さじ1
水……カップ1
B 砂糖……大さじ2
　酒……大さじ2
　しょうゆ……大さじ1と½

1 鶏肉はひと口大に切り、Aをもみ込む。
2 玉ねぎは1cm幅のくし形に切る。にんじんは小さめの乱切りにする。じゃがいもは乱切りにしてさっと洗う。にんにくはたたきつぶす。
3 鶏肉に片栗粉をまぶす。フライパンに油を強めの中火で熱し、鶏肉を焼く。表面にうっすらと色がついたら取り出す。
4 3のフライパンににんにくを入れ、中火で炒める。香りが立ったら玉ねぎ、にんじん、じゃがいもを加えてさっと炒め、分量の水を加えてふたをし、5分ほど煮る。Bを加えて再びふたをし、10分ほど煮る。
5 ふたを取って鶏肉を戻し入れ、汁けがほとんどなくなるまで5分ほど煮る。

鶏肉は1枚まるごと揚げるので、少ない油で大丈夫。パプリカのお陰で色・香り・歯ごたえの三拍子そろった絶品だれに!

## ユーリンチー

**材料・2人分**

鶏もも肉……2枚(500g)
A 塩……少量
　こしょう……少量
赤パプリカ……1個
長ねぎ……10cm
にんにく……2かけ
しょうが……2かけ
B しょうゆ……大さじ2
　酢……大さじ1と½
　砂糖……小さじ1
　ごま油……小さじ1
小麦粉……適量
油……適量
クレソン……適量

1 鶏肉はAをすり込む。
2 パプリカは半分に切ってへたと種を取り除き、みじん切りにする。長ねぎ、にんにく、しょうがもみじん切りにする。これらをBと混ぜる。
3 鶏肉に小麦粉をまぶす。フライパンに揚げ油を深さ2~3cmまで注いで180℃に熱し、鶏肉の皮目を下にして入れる。ときどき上下を返しながらカリッとするまで7~8分揚げる。
4 3の油をきり、食べやすい幅に切って器に盛る。2のたれをかけ、クレソンを添える。

鶏肉の皮がカリッとするまで揚げます。フライパンが小さい場合は、肉を1枚ずつ揚げると油の温度が下がりすぎず、中までしっかり火が通ります。

# 豚の塩麹しょうが焼き

**材料・2人分**

豚ロース薄切り肉……………200g

A 塩麹……………大さじ1
酒……………大さじ1
しょうがのすりおろし大さじ½

キャベツ……………3枚
紫玉ねぎ……………¼個
油……………大さじ½

1 豚肉はAをからめて10分ほどおく。

2 キャベツはせん切りにする。紫玉ねぎは薄切りにし、10分ほど空気にさらす。

3 フライパンに油を強火で熱し、1の汁けをきって広げて入れる。薄く色づくまで両面を焼き、1の残った汁を回し入れ、いりつける。

4 器に3の肉を盛り、2をざっくり混ぜて添える。

# 梅おかかめかぶ

**材料・2人分**

めかぶ(味つけしていないもの)……80g
細ねぎ……………2本

A 梅肉……………小さじ1
しょうゆ……………小さじ½

削り節……………小1袋(3g)

1 細ねぎは小口切りにする。

2 Aをよく混ぜ、細ねぎ、めかぶ、削り節を和える。

豚肉のうまみを引き出し、焼いてもかたくならず、しっとりやわらかく仕上がる塩麹味のしょうが焼き。玉ねぎとキャベツにはソースやドレッシングをかけず、豚肉でくるりと巻いて食べるのがおすすめです。副菜にはほうれん草とともに、自家製の蒸しゆで大豆をたっぷりと。大豆は自分でゆでるほうが断然おいしい。一度に多めにゆでて、毎日せっせと食べます。もう1品には梅風味の簡単酒肴を。

# 豚のしょうが焼き定食

主菜
- 豚肉の塩麹しょうが焼き

差し替えレシピ
→ P.066～069

副菜
- ほうれん草と大豆のおひたし

→ P.109

もう1品
- 梅おかかめかぶ

- 雑穀ご飯

# 豚肉 差し替えレシピ

ふだん摂取しづらい海藻は、
肉巻きにすれば手軽にたっぷり食べられます。
ひじきは下ゆでしないので、長めに水でもどして

## ひじきの肉巻き照り焼き

**材料・2人分**

豚ロース薄切り肉……12枚
芽ひじき（乾燥）……10g
A 酒……大さじ½
　こしょう……少量
小麦粉……適量
油……大さじ1
B しょうゆ……大さじ2
　酒……大さじ2
　砂糖……大さじ1
　みりん……大さじ1
　水……大さじ1

豚肉の下面に小麦粉をつけることで、煮汁にとろみがつき、味がからみやすくなります。いっぽう、肉の上面に小麦粉をふるのは、ひじきと肉を密着させるため。

1 芽ひじきはたっぷりの水に30分浸してもどし、洗ってざるに上げ、水けをきる。豚肉はAをからめる。

2 まな板の上にラップを30cm四方に広げ、全体に小麦粉を薄くふる。豚肉を2枚1組にし、長い辺を少し重ねて縦に並べる。肉の表面にも小麦粉をふり、肉の向こう2cmを残して芽ひじき⅙量を広げてのせ、肉の左右を内側に折り、手前からくるくる巻く。残りも同様に巻く。

3 フライパンに油を中火で熱し、2の巻き終わりを下にして並べ、ときどき転がしながら6～7分焼く。

4 フライパンの油をふき、Bを混ぜて加え、全体にからめる。

5 4を食べやすい大きさに切って器に盛り、フライパンに残った煮汁をかける。

肉を炒めたら、フライパンからいったん取り出す。
キャベツとピーマンはレンジで加熱しておく。
肉がかたくならず、仕上がりが水っぽくならないコツです

## 豚肉とキャベツのみそ炒め

**材料・2人分**

豚ロース薄切り肉……200g
A しょうゆ……小さじ½
　酒……小さじ½
キャベツ……6枚
ピーマン……2個
にんにく……1かけ
B みそ……大さじ1
　酒……大さじ1
　砂糖……小さじ1
　しょうゆ……小さじ1
油……小さじ3
片栗粉……小さじ1
豆板醤……小さじ1

1 豚肉はひと口大に切り、Aをもみ込む。

2 キャベツはひと口大に切る。ピーマンはへたと種を取り除き、ひと口大の乱切りにする。耐熱皿に入れて油小さじ1をまぶし、ラップをふんわりとかける。電子レンジで2分加熱し、水けをふく。

3 にんにくはたたきつぶす。Bはよく混ぜる。

4 フライパンに油小さじ1を強めの中火で熱し、1の豚肉に片栗粉をまぶして入れ、菜箸でほぐすように炒め、火が通ったら取り出す。

5 4のフライパンに油小さじ1を中火で熱し、にんにく、豆板醤を炒める。香りが立ったらBを加え、煮立ったら2、4を加え、炒め合わせる。

豚肉 差し替えレシピ

調味料で豚肉をコーティングすると
ゆでてもパサつきません。
真っ赤なソースはゆでたえびにも◎

## ゆで豚 フレッシュトマトチリソース

**材料・2人分**

豚ロース薄切り肉……200g
A 酒……大さじ½
　マヨネーズ……大さじ½
　片栗粉……大さじ½
塩……少量
トマト……2個
玉ねぎ……¼個
にんにく……1かけ
しょうが……1かけ
油……大さじ1
豆板醤……大さじ½
B オイスターソース……小さじ1
　しょうゆ……小さじ1
　塩……少量
C 水……大さじ1
　片栗粉……大さじ½

1 Aはよく混ぜ、広げた豚肉にぬる。鍋に湯を沸かして塩を加え、豚肉をゆでる。色が変わったらざるに上げて水けをきる。
2 トマトは6～8等分のくし形に切る。玉ねぎ、にんにく、しょうがはみじん切りにする。
3 フライパンに油を中火で熱し、にんにく、しょうが、玉ねぎ、豆板醤を炒める。香りが立ったら玉ねぎ、トマトを加えて炒める。トマトが少し煮くずれたらBを加えて混ぜ、Cでとろみをつける。
4 器に1の肉を盛り、3をかける。

酒、マヨネーズ、片栗粉を混ぜ、豚肉にぬってからゆでます。酒で肉の臭みがおさえられ、マヨネーズで肉がしっとりゆで上がります。片栗粉は肉のパサつきをおさえ、後からかけるソースがよくからみます。

たれいらずで、つゆごと食べられるお手軽しゃぶしゃぶ。
七味をピリッときかせると、お酒にマッチします

## 豚肉とねぎのつゆしゃぶ

**材料・2人分**

豚ロース薄切り肉（しゃぶしゃぶ用）……300g
長ねぎ……2本
A だし汁……カップ4
　しょうゆ……大さじ4
　みりん……大さじ2
　酒……大さじ2
七味唐辛子……適量

1 長ねぎは青い部分を小口切りにし、水にさらして水けをしぼる。白い部分は縦半分に切り、斜め薄切りにする。
2 鍋にAを入れて中火にかける。煮立ったら豚肉を広げて入れ、その上にねぎの白い部分をのせる。火が通ったら肉でねぎを包むようにして器に取り、長ねぎの青い部分、七味唐辛子をのせて食べる。

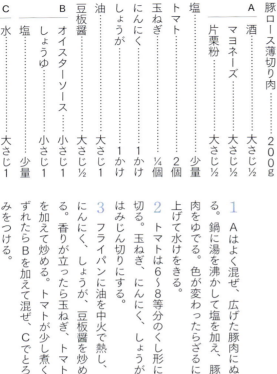

# ビフテキ定食

主菜
- ビーフステーキ パセリレモンソース
  差し替えレシピ
  → P.072〜073

副菜
- クレソンの 粒マスタードサラダ
  → P.103

もう1品
- 大豆・昆布・トマトのピクルス風

- 赤ワイン

質のいいステーキ肉が安く手に入ったら、きまってビフテキ定食にします。たんぱく質の多い赤身の部位を選び、脂よりも肉そのもののおいしさを楽しみます。付け合わせのエリンギは台湾を旅したときに出合った味。するめいかのような凝縮されたうまみに驚きますよ。副菜ともう1品は、ステーキの口直しになるさっぱり味に。

## ビーフステーキ パセリレモンソース

**材料・2人分**

- 牛もも肉（ステーキ用）……2枚（300g）
- エリンギ……2本（100g）
- にんにく……1かけ
- パセリ……3枝
- 赤唐辛子……2、3本
- 揚げ油……適量
- 塩……適量
- こしょう……適量
- 油……大さじ½
- バター……20g
- レモン汁……大さじ2

1 牛肉は冷蔵庫から出して室温に20分ほどおき、塩、こしょう各少量をふる。

2 エリンギは縦1cm幅に切り、縦にさく。ざるに並べて表面が乾くまで20分ほどおく。にんにく、パセリはみじん切りにする。

3 フライパンに揚げ油を深さ1cmまで注いで160℃に熱し、エリンギと赤唐辛子を入れ、エリンギがカリカリになるまでゆっくり揚げる。キッチンペーパーで油をきり、塩、こしょう各少量をふる。

4 フライパンに油を強火で熱し、牛肉を並べて1分焼く。弱火にして30〜90秒焼き、上下を返して同様に焼く。バットなどに取り出して1〜2分おき、食べやすい幅に切って器に盛る。3のエリンギも添える。

5 フライパンにバター、にんにくを入れて中火にかけ、香りが立ったらパセリ、レモン汁と、塩、こしょう各少量を加えて混ぜる。煮立ったら4の肉にかける。

## 大豆・昆布・トマトのピクルス風

**材料・2人分**

- 蒸しゆで大豆（P.106参照）……100g
- おしゃぶり昆布（おやつ昆布）……5g
- 紫玉ねぎ……⅙個
- ミニトマト……6個
- A
  - 白ワインビネガー……大さじ3
  - 水……大さじ3
  - 砂糖……大さじ1
  - 塩……小さじ⅓

1 おしゃぶり昆布はキッチンばさみで2cm幅に切る。紫玉ねぎは2cm角に切る。

2 Aをよく混ぜ、1、蒸しゆで大豆、ミニトマトを30分以上漬ける。

# 牛肉 差し替えレシピ

しょうゆと砂糖の甘辛味と、
実山椒のピリリとした刺激で
日本酒がくいくい進みます

## 牛肉としらたきの甘辛煮

**材料・2人分**

牛もも薄切り肉……200g
しらたき……200g
しょうが……30g
実山椒……小さじ2
A しょうゆ……大さじ2
酒……大さじ2
砂糖……大さじ½
酢……小さじ1
水……カップ½
みりん……大さじ2

1 牛肉は5〜6㎝長さに切る。しらたきは塩少量(分量外)でもみ洗いをし、熱湯でさっとゆで、食べやすい長さに切る。しょうがは薄切りにする。

2 鍋にAとしょうがを入れて中火にかける。煮立ったら牛肉を入れて菜箸でほぐすように混ぜ、肉の色が変わり、火が通ったら取り出す。

3 2の鍋に分量の水、みりん、実山椒、しらたきを入れて中火にかけ、ふたをして煮汁がほとんどなくなるまで煮る。ふたを取って肉を汁ごと戻し入れ、いりつける。

くるくる巻いたわかめにも
牛肉のうまみがしみ込んでいます。
梅の酸味でメリハリのある味に

## わかめの牛肉巻き蒸し 梅ソース

**材料・2人分**

牛もも薄切り肉……8枚
A オイスターソース……大さじ½
酒……大さじ½
カットわかめ(乾燥)……8g
小麦粉……適量
B 酒……大さじ2
水……大さじ2
C 水……大さじ2
梅肉……大さじ1
酒……大さじ1
しょうゆ……小さじ1
みりん……小さじ1
青じそ……4枚

1 Aは混ぜ、牛肉にからめる。わかめは水でもどし、水けをきる。

2 まな板の上にラップを30㎝四方に広げ、全体に小麦粉を薄くふる。牛肉を2枚1組にし、長い辺を少し重ねて縦に並べる。肉の表面にも小麦粉をふり、肉の向こう2㎝を残してわかめ¼量を広げてのせ、肉の左右を内側に折り、手前からくるくる巻く。残りも同様に巻く(巻き方はP.66「ひじきの肉巻き照り焼き」参照)。

3 フライパンに2の巻き終わりを下にして並べ、Bを加えてふたをし、中火で8分ほど蒸し焼きにする。斜め3等分に切り、青じそを敷いた皿に盛る。

4 Cをよく混ぜてフライパンに入れ、中火にかける。とろみがついたら3の肉にかける。

派手さはないけれど、しみじみおいしい定食。鶏つくねは肉だねにえのきたけを混ぜることで、ふんわりとした食感に。甘じょっぱいたれがお酒だけではなく、ご飯との相性も抜群です。乾物を使ったおかずは多めに作って常備しても。アスパラの副菜は油と塩を加えた湯でゆでるだけ。ほどよい塩けとコクでどんな野菜も簡単においしくなる、魔法の調理法です。

# 鶏つくね定食

主菜
○ えのき入り鶏つくね照り焼き
差し替えレシピ → P.076～077

副菜
○ 塩油ゆでグリーンアスパラ
→ P.108

もう1品
○ 切り干し大根と刻み昆布の塩麹煮

○ ご飯

## えのき入り鶏つくね照り焼き

**材料・2人分**

鶏むねひき肉（鶏ささ身でも可）……200g
えのきたけ……1袋（100g）
A
　しょうがのすりおろし……大さじ½
　酒……大さじ½
　塩……少量
卵……小1個
片栗粉……大さじ1
油……大さじ½
B
　しょうゆ……大さじ1
　酒……大さじ1
　砂糖……大さじ½
　みりん……大さじ½

1 えのきたけは根元を切り落とし、みじん切りにする。

2 ボウルにひき肉を入れ、Aを順に加えてその都度手で練り混ぜ、1のえのきたけ、卵、片栗粉も順に加えてその都度混ぜる。6等分にして小判形に整える。

3 フライパンに油を中火で熱し、2を並べて入れ、3分ほど焼く。上下を返してさらに3分ほど焼く。

4 フライパンの油をふき、Bを加えて煮立て、全体にからめる。皿に盛り、フライパンのたれをかける。

## 切り干し大根と刻み昆布の塩麹煮

**材料・2人分**

切り干し大根……20g
刻み昆布……10g
A
　水……カップ½
　酒……大さじ1
　塩麹……大さじ½

1 切り干し大根はほぐしながらもみ洗いをし、水けをきる。ボウルに入れ、水大さじ3（分量外）をかけてやわらかくもどす。刻み昆布はさっと洗う。

2 鍋に1とAを入れて中火にかけ、ふたをして煮汁がほとんどなくなるまで10分ほど煮る。

# ひき肉 差し替えレシピ

ほっくりと煮上がった里いもをほお張ると、
ひき肉のうまみがじんわり。
できたても、冷めて味がなじんだのも美味

## 里いもの甘辛そぼろ煮

**材料・2人分**

合いびき肉……150g
里いも……6個
長ねぎ……⅓本
A しょうゆ……大さじ1と½
　酒……大さじ1
　砂糖……大さじ1
　しょうがのすりおろし……大さじ½
　にんにくのすりおろし……小さじ1
水……カップ1
ごま油……大さじ½
粗びき赤唐辛子……適量

1 里いもは皮をむき、鍋に入れてかぶるくらいの水を注ぐ。中火にかけ、煮立ったら5～6分ゆでて、洗ってざるに上げ、水けをきる。

2 長ねぎは5cm長さ分をせん切りにし、水にさらして水けをきる。残りはみじん切りにする。

3 鍋にA、長ねぎのみじん切り、ひき肉を入れて中火にかける。絶えず混ぜ、ひき肉がパラパラになったら分量の水と里いもを加え、ふたをして15分ほど煮る。里いもがやわらかくなったらごま油を加えてざっと混ぜる。

4 器に3を盛り、長ねぎのせん切りをのせ、赤唐辛子をふる。

干ししいたけの弾力ある食感とうまみ、
玉ねぎのシャキシャキの歯ごたえ。
手作りならではの、ぜいたくな味わいです

## 手作りシュウマイ

**材料・24個分**

豚赤身ひき肉……300g
干ししいたけ……4枚
玉ねぎ……1個
片栗粉……大さじ2
A しょうがのすりおろし……大さじ1
　酒……大さじ1
　しょうゆ……大さじ1
　砂糖……小さじ1
　塩……小さじ½
　ごま油……大さじ1
シュウマイの皮……24枚
たれ
練り辛子、酢、しょうゆ…各適量

1 干ししいたけは水でもどし、軸を取り除いてみじん切りにする。

2 玉ねぎはみじん切りにして耐熱皿にのせ、ラップをせずに電子レンジで1分加熱し、ふきんで包んで水けをしぼる。冷めたら片栗粉をまぶす。

3 ボウルにひき肉を入れ、1の干ししいたけを加えて手で混ぜ、Aも順に加え、その都度手でよく混ぜる。さらに2の玉ねぎを加えてよく混ぜる。

4 3を24等分に分け、シュウマイの皮で包む。

5 蒸気の上がった蒸し器にオーブンペーパー、またはキャベツを敷き、4を並べて強火で10分ほど蒸す。器に盛り、たれを添える。

シュウマイの包み方。あらかじめ24等分に分けた肉だねにシュウマイの皮を1枚ずつかぶせ(a)、親指と人差し指で輪を作ってシュウマイを持ち、ゴムべらで肉だねの表面をならし(b)、皮の縁を密着させます。

# 肉豆腐定食

主菜
- 野菜たっぷり肉豆腐

差し替えレシピ
→ P.080〜081

副菜
- 春菊とわかめのごま和え

→ P.104

もう1品
- セロリの塩昆布漬け

- 日本酒

このごろ野菜が足りていない……と感じたら、こんな定食はいかがでしょうか。主菜も副菜も野菜た〜っぷり。肉豆腐にはわけぎとにんじんを加え、彩りよく仕上げています。副菜のごま和えにはβカロテンを豊富に含む春菊を、もう1品の即席漬けには食物繊維とビタミンCが多いセロリを使っています。それぞれにんにく、ごま、塩昆布など、風味豊かな食材を合わせ、お酒を誘う味わいに。

## 野菜たっぷり肉豆腐

**材料・2人分**

牛もも薄切り肉……150g
木綿豆腐……1丁（300g）
にんじん……⅓本
わけぎ……3本
にんにく……1かけ
油……大さじ½
A
だし汁……カップ1
しょうゆ……大さじ2
酒……大さじ2
砂糖……大さじ1
みりん……大さじ1

1 牛肉は5〜6cm長さに切る。豆腐はキッチンペーパーで包み、10分ほどおいて水きりをし、縦半分横3等分に切る。にんじんはせん切りにする。わけぎは白い部分を4cm長さに切り、青い部分は斜めに切り、さっと水にさらして水けをきる。にんにくはたたきつぶす。

2 鍋に油を強火で熱し、にんにくを炒める。香りが立ったら中火にし、にんじん、わけぎの白い部分、牛肉を炒める。

3 肉の色が変わったらAを加えて3〜4分煮て、豆腐を加えてさらに2〜3分煮る。

4 器に3を盛り、わけぎの青い部分をのせる。

# セロリの塩昆布漬け

**材料・2人分**
セロリ……1本
塩昆布……10g
レモン汁……大さじ1

**1** セロリは茎を斜め薄切りにし、葉は小さめのざく切りにする。
**2** ポリ袋にすべての材料を入れてもみ込み、袋の空気を抜いて15分以上おく。

# 肉×豆腐 差し替えレシピ

豆腐に塩麹をまぶすことで水きりと下味つけが同時にできます。細ねぎおろしをのせて、さっぱりと召し上がれ

## 豆腐の肉巻き さっぱりおろしポン酢

**材料・2人分**

| | |
|---|---|
| 豚ロース薄切り肉 | 12枚 |
| 木綿豆腐 | 1丁（300g） |
| 塩麹 | 大さじ½ |
| 細ねぎ | 4本 |
| 大根 | 10cm |
| 片栗粉 | 適量 |
| 油 | 大さじ1 |
| ポン酢しょうゆ | 大さじ2 |

1 豆腐は横6等分に切り、塩麹をからめて10分ほどおき、水けをふく。

2 細ねぎは小口切りにする。大根は皮をむかずにすりおろし、水けを軽くきる。これらをざっくり混ぜる。

3 豆腐1切れに豚肉2枚をらせん状に巻き、表面に片栗粉を薄くまぶす。

4 フライパンに油を中火で熱し、3の巻き終わりを下にして並べる。両面を4～5分ずつ焼き、側面もこんがりと焼く。

5 器に4を盛り、2を添えてポン酢しょうゆをかける。

豚肉の厚みが均一になるように、らせん状に豆腐に巻きつけます。

豆板醤のかわりにゆずこしょうで辛みづけ。白いマーボー豆腐は日本酒にもよく合います

## ゆずこしょうマーボー豆腐

**材料・2人分**

| | |
|---|---|
| 豚ひき肉 | 200g |
| 木綿豆腐 | 1丁（300g） |
| 長ねぎ | ½本 |
| 酒 | 大さじ2 |
| 水 | カップ1 |
| A みりん | 大さじ½ |
| A 酢 | 大さじ½ |
| A ゆずこしょう | 小さじ1 |
| A 塩 | 小さじ⅓ |
| A しょうゆ | 小さじ⅓ |
| B 水 | 大さじ2 |
| B 片栗粉 | 小さじ2 |

1 豆腐はキッチンペーパーで包んで10分ほどおき、水きりをする。長ねぎはみじん切りにする。

2 鍋にひき肉、酒を入れて中火にかけ、絶えず混ぜる。肉の色が変わり、パラパラになったら分量の水を加える。

3 2が煮立ったらアクを取り、A、長ねぎを加え、豆腐をスプーンですくって加え、3～4分煮る。Bを混ぜて加え、とろみをつける。

豆腐は定番の「さいの目切り」でもよいですが、スプーンですくうと豆腐の表面に凹凸ができて、味のしみ込みがよくなります。

今も昔も変わらぬ定食の友。
冷蔵庫で3〜4日もつので多めに作って
ちょこちょこ食べれば、不足しがちな栄養も手軽に摂れます。
夜の「もう1品」にもぴったり。

# 「ふつう」がうれしい定番副菜

## ひじきの煮もの

**材料・作りやすい分量**

芽ひじき（乾燥）……40g
蒸しゆで大豆（P.106参照）…200g
にんじん……1本
絹さやえんどう……10枚
A だし汁……カップ2
　酒……大さじ2
　しょうゆ……大さじ2
　みりん……大さじ2
　砂糖……大さじ½
ごま油……大さじ1

1 芽ひじきはたっぷりの水に15〜30分浸してもどし、洗ってざるに上げ、水けをきる。にんじんは4cm長さに切り、短冊切りにする。絹さやはへたと筋を取り、斜め2〜3等分に切る。

2 鍋にごま油を中火で熱し、ひじき、にんじんを炒める。油がまわったら大豆を加える。

3 2にAを加え、煮立ったらふたをし、煮汁が少し残るくらいまで20分ほど煮る。絹さやを加え、1分ほど煮る。

## おからの煮もの

**材料・作りやすい分量**

おから……200g
長ねぎ……½本
さやいんげん……10本
きくらげ（乾燥）……10g
小えび（乾燥）……40g
卵……1個
だし汁……カップ2
A 酒……大さじ2
　みりん……大さじ2
　砂糖……大さじ1
　しょうゆ……大さじ1
　酢……小さじ1
　塩……小さじ¼
油……大さじ1

1 フライパンにおからを入れて弱火にかけ、パラパラになるまでいりつける。

2 長ねぎは小口切りにする。さやいんげんは斜め薄切りにする。きくらげは水でもどし、もみ洗いをして細切りにする。

3 鍋に油を中火で熱し、きくらげ、長ねぎ、小えびを順に入れて炒める。油がまわったらだし汁を加え、煮立ったらAを加える。再び煮立ったらおからといんげんを加え、ふたをして5〜6分煮る。

4 卵を割りほぐして3の鍋に加え、手早く混ぜて火を通す。

## 切り干し大根の煮もの

**材料・作りやすい分量**

切り干し大根……60g
あさり水煮缶……大1缶（180g）
にんじん……1本
水＋水煮缶缶汁（合わせて）……カップ1と½
A 酒……大さじ2
　みりん……大さじ1
　砂糖……大さじ½
　しょうゆ……大さじ½
　塩……小さじ½

1 切り干し大根はほぐしながらもみ洗いをし、水けをきる。ボウルに入れ、水カップ½（分量外）に15分ほど浸してやわらかくもどす。にんじんは5mm幅の輪切りにする。

2 鍋にすべての材料を入れて中火にかけ、煮立ったらふたをし、煮汁が少し残るくらいまで20分ほど煮る。

# 煮魚定食

主菜
- さばとごぼうの煮つけ → P.088
  差し替えレシピ → P.090～091

副菜
- チンゲン菜と大豆のナムル → P.107

もう1品
- にんじんのみそきんぴら → P.088

- ご飯

ときどき無性に食べたくなる煮魚。「藤井食堂」では、手に入りやすく栄養価の高いさばが定番です。さばと相性のよいごぼうも一緒に煮れば、食物繊維がおいしく摂取できます。さばだけでは足りないたんぱく質は、副菜の大豆で補いました。にんじんのきんぴらは、にんじんから水分が出てやせてくるまで、根気よく炒めるのがコツ。にんじんってこんなに甘かったの！ と驚くこと請け合いです。

シンプルなさけの塩焼きも好きですが、塩麹に漬けてから焼いたさけは身がしっとり、うまみたっぷり。副菜はブロッコリーとともに芽ひじきも和えて、栄養バランスのよい白和えに。朝定食に欠かせない納豆を、夜はおつまみ風のひと皿にアレンジ。納豆のねばねばとたくあんのコリコリ。ふたつの異なる食感がクセになります。

# 焼き魚定食

主菜
- さけの塩麹焼き
→ P.089
差し替えレシピ
→ P.092～093

副菜
- ブロッコリーとひじきの白和え
→ P.105

もう1品
- 納豆たくあんねぎ
→ P.089

- 日本酒

煮魚定食

P.084

落としぶたをして煮汁を対流させ、魚に味を含ませます。落としぶたには食材に密着しやすいオーブンシートを。はさみで中央に切り込みを入れ、フライパンからはみ出す部分を内側に折り込みます。

主菜

# さばとごぼうの煮つけ

**材料・2人分**

生さば（二枚におろしたもの）……2切れ（1尾分・300g）
ごぼう……1/3本
しょうが……2かけ
A 水……カップ3/4
酒……大さじ2
みりん……大さじ2
しょうゆ……大さじ2
砂糖……大さじ1

1 さばは皮目に十字に切り込みを入れる。ごぼうは皮をこすり洗いして5～6㎝長さに切り、縦4等分に切る。しょうがは薄切りにする。

2 フライパンにA、しょうが、ごぼうを入れて強火で煮立てる。一度火を止め、さばの皮目を上にして並べて入れる。中火にかけ、煮立ったら数回煮汁をかけ、中央に十字に切り込みを入れたオーブンシートで落としぶたをし、7～8分煮る。

3 落としぶたを外し、さばに煮汁をかけながら、煮汁がとろりとするまで5分ほど煮る。

4 器にさば、ごぼう、しょうがを盛り、煮汁をかける。

みそが焦げやすいので、調味料を加えたら手早くにんじんにからめます。にんじんをじっくり炒めて完全に火を通してから調味料を加えるのがコツ。

もう1品

# にんじんのみそきんぴら

**材料・2人分**

にんじん……1本
A みそ……小さじ1
みりん……小さじ1
酒……小さじ1
油……大さじ1/2

1 にんじんは斜め薄切りにして細切りにする。Aはよく混ぜる。

2 フライパンに油を中火で熱し、にんじんがしんなりするまで4～5分炒める。

3 Aを加えていりつける。

P.086

酒でのばした塩麹をさけの表面にからめて味をなじませます。塩麹を使うことでうまみが加わり、しっとりとした焼き上がりに。

主菜

## さけの塩麹焼き

**材料・2人分**

生ざけ……2切れ（200g）
A 塩麹……大さじ1
　酒……小さじ1
きゅうり……½本
B みそ……小さじ½
　マヨネーズ……小さじ½

1 ポリ袋にAを入れて混ぜ、さけを加えてからめる。空気を抜いて口を閉じ、冷蔵室に30分～ひと晩おく。
2 きゅうりは長さを6等分に切る。Bはよく混ぜる。
3 魚焼きグリルに1を並べ、上下中火で7～8分焼く。
4 器に3を盛り、きゅうりを添えてBをのせる。

納豆としょうゆは先に混ぜておきます。発酵食品同士をかけ合わせることで、うまみがぐんとアップします。

もう1品

## 納豆たくあんねぎ

**材料・2人分**

納豆……2パック（80g）
しょうゆ……小さじ1
たくあん……5cm
長ねぎ……4cm
練り辛子……適量

1 納豆としょうゆは混ぜる。
2 たくあんはみじん切りにする。長ねぎは薄い小口切りにし、水にさらして水けをしぼる。
3 器に1、2を盛り、辛子を添える。

# 煮魚 差し替えレシピ

## いわしのブイヤベース風

トマトのうまみとカレー粉のスパイシーな香りが
いわしとじゃがいもをおいしく包み込みます

**材料・2人分**

- いわし……小4尾〜大2尾
- 玉ねぎ……½個
- にんにく……2かけ
- トマト……2個
- じゃがいも……1個
- A 白ワイン……大さじ3
- 　塩……少量
- 　こしょう……少量
- オリーブ油……大さじ2
- カレー粉……小さじ1
- 水……カップ2
- 塩……小さじ⅔
- ローリエ……1枚
- パセリ（みじん切り）……適量

1 いわしはうろこをこそげ取り、頭を切り落とす。内臓をかき出して腹の中までしっかり洗い、水けをふく。長さを半分に切り、Aをまぶして10分ほどおく。

2 玉ねぎ、にんにくはみじん切りにする。トマトは1cm角に切る。じゃがいもは皮をむいて1cm幅の輪切りにし、さっと洗って水けをきる。

3 鍋にオリーブ油を中火で熱し、玉ねぎ、にんにくを炒める。しんなりしたらトマト、カレー粉を加えて混ぜ、分量の水を加える。煮立ったらアクを取り、塩、ローリエを加えて5分ほど煮て、じゃがいもを加えてさらに5分ほど煮る。

4 3に1のいわしと漬け汁を加え、弱めの中火にして10分ほど煮る。器に盛り、パセリを散らす。

## 身欠きにしんとなすの煮もの

にしんとなすは互いのおいしさを引き立てる
夏の出合いもの。冷蔵庫でキンと冷やすのもおすすめ

**材料・2人分**

- 身欠きにしん（ソフトタイプ）…2本（1尾分）
- なす……3本
- 昆布（5cm四方）……1枚
- 梅干し……1個
- 水……カップ1
- 酒……大さじ3
- A みりん……大さじ1と½
- 　しょうゆ……大さじ1と½
- 　砂糖……大さじ1

1 身欠きにしんは、かま、尾、背びれ、腹骨を切り落とす。鍋に湯を沸かし、表面が白くなるまでにしんをゆでる。ざるに上げて水にとり、うろこを取り、長さを3〜4等分に切る。

2 なすは縦半分に切って皮目に5mm間隔で斜めに切り込みを入れ、水に5分ほどさらして水けをふく。

3 鍋に分量の水、昆布、酒、Aを入れて強火にかける。煮立ったら1のにしん、手でくずした梅干しを加え、中央に十字に切り込みを入れたオーブンシートで落としぶたをし、弱火にして10分ほど煮る。

4 3になすを加え、やわらかくなるまで10〜15分煮る。

5 器ににしん、なす、梅干しを盛って煮汁をかけ、昆布を細切りにして添える。

a

b

身欠きにしんの下ごしらえ。かたいかま、尾、ひれ、腹骨はキッチンばさみで簡単に切り落とせます(a)。ボウルに水をたっぷり注ぎ、ゆでた身欠きにしんを入れます。指でこするとうろこがスルスルと簡単に取れます(b)。

# 焼き魚 差し替えレシピ

香ばしさの中にゆずのさわやかな香りがふわり。
大根おろしと、きゅっとしぼった追いゆずでさっぱりと

## さばの幽庵《ゆうあん》焼き

**材料・2人分**

生さば（三枚におろしたもの）……2切れ（1尾分・200g）
A
しょうゆ……大さじ1
酒……大さじ½
みりん……大さじ½
ゆずの輪切り……3枚
細ねぎ……2本
大根……5cm
ゆず……適量

1 Aをよく混ぜてさばを漬け、冷蔵室に1時間〜ひと晩おいて味をなじませる。
2 さばの汁けをきり、魚焼きグリルに皮目を上にして並べ、上下中火で6〜7分焼く。残った漬け汁を刷毛などで皮目にぬり、さらに2〜3分焼く。
3 細ねぎは小口切りにする。大根は皮をむかずにすりおろし、水けを軽くきる。これらをざっくり混ぜる。
4 器に2を盛り、ゆずと3を添える。

材料は多いけれど、応用のきく香味だれ。
さわらやたちうおなど脂ののった魚で作ってもおいしい

## ぶりの香味焼き

**材料・2人分**

ぶり……2切れ
A
長ねぎのみじん切り……5cm分
にんにくのみじん切り……1かけ分
しょうがのみじん切り……1かけ分
粗びき赤唐辛子（あれば韓国産のもの）……小さじ1
いり白ごま……小さじ1
こしょう……少量
しょうゆ……大さじ1と½
砂糖……大さじ½
酒……大さじ½
ごま油……大さじ½
貝割れ菜……適量

1 Aをよく混ぜてぶりにからめ、冷蔵室に1時間〜ひと晩おいて味をなじませる。貝割れ菜は半分に切る。
2 ぶりの汁けをきり、魚焼きグリルに並べ、上下中火で5〜6分焼く。漬け汁の薬味をのせ、上下弱火にしてさらに2〜3分焼く。
3 器に2を盛り、貝割れ菜を添える。

# 魚の竜田揚げ定食

主菜
- かつおの竜田揚げ

差し替えレシピ
→ P.096～097

副菜
- オクラと大豆の梅和え → P.106

もう1品
- きのこのきんぴら
- 雑穀ご飯

しょうがじょうゆでしっかりと下味をつけてから、からりと揚げた竜田揚げなら、血合いのクセも気にならず、おいしく食べられます。付け合わせのさつまいもにはシナモンシュガーをぱらり。竜田揚げと対照的な甘みと香りが、意外にもかつお本来のうまみを引き立てます。揚げものには、さっぱりとした副菜を添えて。きんぴらは、シャキシャキの音とともにおいしさが舌に広がります。

# かつおの竜田揚げ

**材料・2人分**

- かつお(刺し身用・さく)……200g
- さつまいも……½本
- A 酒……大さじ½
- しょうがのしぼり汁…大さじ½
- しょうゆ……小さじ2
- B 砂糖……小さじ2
- シナモンパウダー……少量
- 片栗粉……適量
- 揚げ油……適量

1 かつおは1cm幅に切る。Aを混ぜてかつおにからめ、10~20分おく。

2 さつまいもは7mm幅の輪切りにし、水にさらして水けをふく。

3 揚げ油を160℃に熱し、2を入れて3~4分揚げる。油をきり、熱いうちにBを混ぜてまぶす。

4 1の汁けをふいて片栗粉を全体に薄くまぶす。揚げ油を180℃に熱し、2分ほど揚げる。

# きのこのきんぴら

**材料・2人分**

- しめじ……1パック(100g)
- えのきたけ……1袋(100g)
- ごま油……小さじ1
- A しょうゆ……大さじ½
- みりん……大さじ½

1 しめじは小房に分ける。えのきたけは根元を切り落とし、長さを半分に切ってほぐす。

2 フライパンにごま油を中火で熱し、1を焼きつけるように炒める。火が通ったらAを加えて汁けがなくなるまで炒める。

# 魚の竜田揚げ 差し替えレシピ

南蛮酢に漬けるのではなく、竜田揚げにかけるから
衣のサクサク食感もしっかり味わえます。
ふわっと鼻に抜けるしその香りがさわやか

## あじのしそ竜田揚げ あつあつ甘酢

**材料・2人分**

あじ（三枚におろしたもの）……2尾分
塩……小さじ⅓
酒……大さじ1
青じそ……5枚
片栗粉……大さじ3
A だし汁……大さじ3
酢……大さじ1と½
しょうゆ……大さじ1
砂糖……大さじ1
赤唐辛子の小口切り……1本分
揚げ油……適量

1 あじは塩をふって10分ほどおき、水けをふき、酒をからめる。
2 青じそは細切りにして片栗粉と混ぜ、1にまぶす。
3 揚げ油を180℃に熱し、2を入れて2分ほど揚げ、油をきって器に盛る。
4 鍋にAを入れて中火で煮立てる。3のあじにかける。

青じそを細切りにして片栗粉と合わせることで、あじにからみやすくなります。

ひと口食べたときの、山椒の香りと辛さといったら。
片栗粉に多めに混ぜた粉山椒がいい仕事をします

## さけの山椒風味竜田揚げ

**材料・2人分**

生ざけ……2切れ（200g）
A 酒……大さじ½
しょうがのしぼり汁…大さじ½
しょうゆ……小さじ2
B 片栗粉……大さじ3
粉山椒……小さじ½～⅔
揚げ油……適量
あれば木の芽……適量

1 さけは皮と骨を取り除き、1cm幅に切る。Aを混ぜてからめ、10～20分おいて汁けをきる。
2 Bはよく混ぜ、1にまぶす。
3 揚げ油を180℃に熱し、2を入れて2分ほど揚げ、油をきる。器に盛り、あれば木の芽を添える。

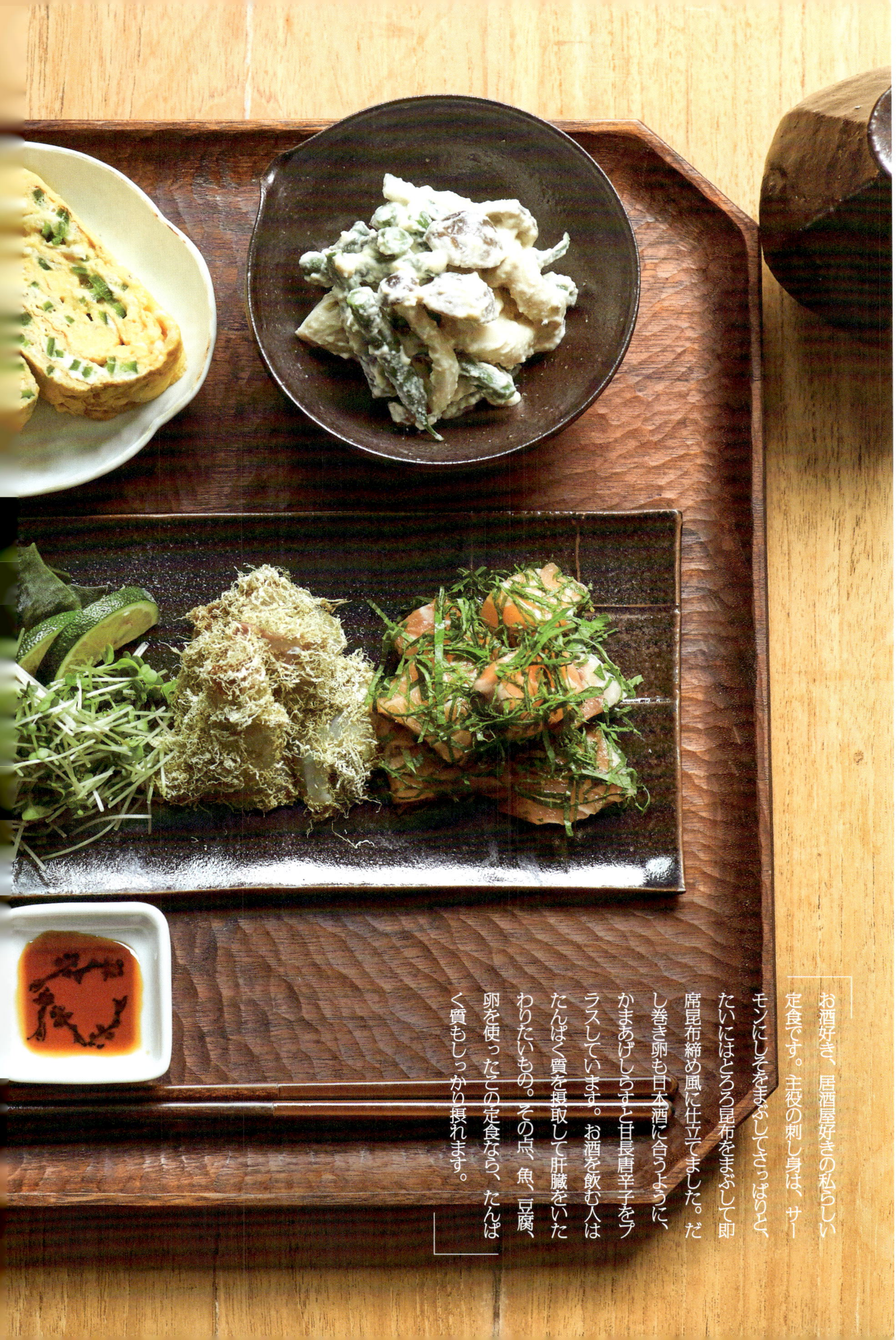

お酒好き、居酒屋好きの私らしい定食です。主役の刺し身は、サーモンにしそをまぶしてさっぱりと、たいにはとろろ昆布をまぶして即席昆布締め風に仕立てました。だし巻き卵も日本酒に合うように、かまあげしらすと甘長唐辛子をプラスしています。お酒を飲む人はたんぱく質を摂取して肝臓をいたわりたいもの。その点、魚、豆腐、卵を使ったこの定食なら、たんぱく質もしっかり摂れます。

# 刺し身定食

主菜
○ サーモンと白身魚のかわり刺し身
差し替えレシピ
→ P.100～101

副菜
○ いんげんとしめじの白和え
→ P.105

もう1品
○ しらすと甘長唐辛子のだし巻き卵

○ 日本酒

## サーモンと白身魚のかわり刺し身

**材料・2人分**

サーモン(刺し身用・さく)……100g
白身魚(たいやひらめなど。刺し身用・さく)……100g
青じそ……10枚
とろろ昆布……10g
カットわかめ(乾燥)……5g
スプラウト……1パック
塩、すだち、練りわさび、しょうゆ……各適量

1 サーモンは1.5～2㎝角に切る。青じそは細切りにする。サーモンに青じそをまぶす。
2 白身魚はひと口大のそぎ切りにし、とろろ昆布をまぶす。
3 わかめは水でもどし、水けをきる。スプラウトは長さを半分に切る。
4 器に1、2、3を盛り合わせ、塩、すだち、わさび、しょうゆを添える。

## しらすと甘長唐辛子のだし巻き卵

**材料・2人分**

卵……4個
甘長唐辛子……50g
かまあげしらす……40g
A だし汁……大さじ4
塩麹……小さじ½
油……適量

1 甘長唐辛子はへたと種を取り除き、薄い小口切りにする。
2 ボウルにAを入れて混ぜ、卵を割りほぐし、1、かまあげしらすを加えて混ぜる。
3 卵焼き器にキッチンペーパーで油を薄くぬって強火で熱し、2の⅙量を流し入れ、全体に広げて焼く。表面にほぼ火が通ったら向こうから手前に巻き、向こうに寄せる。
4 3の卵焼き器に再び油を薄くぬり、2の⅙量を流し入れ、向こうに寄せた卵焼きの下にも流し入れる。表面にほぼ火が通ったら向こうに寄せた卵焼きを芯にしてくるくる焼く。これをあと4回繰り返す。
5 4を食べやすい幅に切り、器に盛る。

# 刺し身 ⇄ 差し替えレシピ

梅の酸味、ごまのコク、わさびの辛み。
異なる味が重なり合って
淡白な白身魚が濃厚なひと品に

## たいの梅ごまわさび和え

**材料・2人分**

たい（刺し身用・さく）……150g
A
梅肉……大さじ1
すり白ごま……大さじ½
しょうゆ……大さじ½
みりん……小さじ1
練りわさび……小さじ1
青じそ……2枚

1 たいはそぎ切りにする。
2 Aはよく混ぜ、1を和える。
3 器に青じそを敷き、2を盛る。

ハーブをたっぷりのせた香り華やかなカルパッチョ。
刺し身を薄く広げることで、塩やオリーブ油が
なじみやすくなります

## まぐろのカルパッチョ

**材料・2人分**

まぐろ赤身（刺し身用・さく）……150g
セルフィーユ……4本
ディル……4本
塩……小さじ¼
粗びき黒こしょう……少量
レモン汁……大さじ1
オリーブ油……大さじ1

1 まぐろは1.5cm幅に切る。セルフィーユとディルは葉を摘む。
2 30cm四方のラップを2枚用意する。まな板の上にラップを1枚広げ、まぐろを並べてもう1枚をかぶせる。めん棒などで優しくたたいてまぐろを薄くする。
3 皿に2を並べ、塩、こしょうをふり、レモン汁をかける。セルフィーユ、ディルを散らし、オリーブ油をかける。

切り分けたまぐろをラップではさんでめん棒で優しくたたき、5㎜ほどの厚さにします。薄くすることで食べやすくなり、調味料もなじみやすくなります。

# 野菜 副菜カタログ

サラダ、和えもの、おひたしなど、簡単なレシピばかり取りそろえました。
ドレッシングや和え衣などの配合は応用がきくので、
別の野菜に差し替えてもおいしく作れます。
どの定食にも合わせやすいので、好みで差し替えて色々な組み合わせを楽しんでください。



## ［サラダ］

**こんな野菜で作っても**
いずれのドレッシングもどんな野菜にも合う。レタス、トマト、にんじんなどの生野菜、グリーンアスパラガス、さやいんげんなどのゆで野菜でも

### ブロッコリーとひじきのサラダ

**材料・2人分**

ブロッコリー……大½株（200g）
芽ひじき（乾燥）……5g
A
水……カップ2
塩……大さじ½
B
白ワインビネガー……大さじ½
オリーブ油……小さじ1
粗びき黒こしょう……少量

1 芽ひじきはたっぷりの水に15〜30分浸してもどし、洗ってざるに上げ、水けをきる。ブロッコリーは小房に分ける。
2 鍋にAを入れて強火で煮立て、ブロッコリーを1分ゆで、ざるに上げる。同じ湯で芽ひじきを2分ゆで、ざるに上げる。
3 ボウルにBを入れて混ぜ、2を和える。

定食例 → P.018

## ルッコラのサラダ

**材料・2人分**

ルッコラ……60g

A
白ワインビネガー……小さじ1
オリーブ油……小さじ1
玉ねぎのすりおろし…小さじ½
塩……少量
こしょう……少量

1 ルッコラは4～5㎝長さに切る。

2 ボウルにAを入れて混ぜ、1を和える。

## クレソンの粒マスタードサラダ

**材料・2人分**

クレソン……80g

A
粒マスタード……小さじ1
白ワインビネガー……小さじ1
オリーブ油……小さじ1
塩……少量

1 クレソンは葉を摘み、茎を3～4㎝長さに切る。

2 ボウルにAを入れて混ぜ、1を和える。

定食例 → P.052

定食例 → P.070

# ［ごま和え］

こんな野菜で作っても
グリーンアスパラガス、スナップえんどう、ほうれん草（いずれもゆでて）など

## いんげんのごま和え

**材料・2人分**

さやいんげん……150g
A 水……カップ2
塩……大さじ½
B すり白ごま……大さじ3
水……大さじ1
しょうゆ……小さじ½

1 さやいんげんは3〜4㎝長さに切る。
2 鍋にAを強火で煮立て、1を2分ゆで、ざるに上げて水けをきる。
3 ボウルにBを入れて混ぜ、2を和える。

## 春菊とわかめのごま和え

**材料・2人分**

春菊……200g
カットわかめ（乾燥）……5g
しょうゆ……小さじ1
A すり白ごま……大さじ3
水……大さじ1
しょうゆ……小さじ1

1 春菊は葉と茎に分ける。わかめは水でもどし、水けをきる。
2 鍋に湯を沸かし、春菊の茎、葉の順に入れて30秒ゆで、ざるに上げる。食べやすい長さに切り、わかめと合わせてしょうゆをまぶし、汁けをしぼる。
3 ボウルにAを入れて混ぜ、2を和える。

定食例 → P.026

定食例 → P.078

# 【白和え】

**こんな野菜で作っても**
にんじん、ほうれん草、きのこ（いずれもゆでて）など

## ブロッコリーとひじきの白和え

**材料・2人分**

ブロッコリー……大½株（200g）
芽ひじき（乾燥）……5g
木綿豆腐……⅓丁（100g）
A 水……カップ2
　塩……大さじ½
B 練り白ごま……大さじ1
　砂糖……小さじ1
　塩……小さじ¼
　しょうゆ……小さじ½

1 芽ひじきはたっぷりの水に15〜30分浸してもどし、洗ってざるに上げ、水けをきる。ブロッコリーは小房に分ける。
2 豆腐はキッチンペーパーで包んで10分ほどおき、水けをきる。
3 鍋にAを入れて強火で煮立て、ブロッコリーを1分ゆでて、ざるに上げる。同じ湯で芽ひじきを2分ゆでて、ざるに上げる。
4 すり鉢などに豆腐を入れてなめらかになるまですり混ぜ、Bを順に加えてその都度すり混ぜる。3を加えて和える。

## いんげんとしめじの白和え

**材料・2人分**

さやいんげん……100g
しめじ……1パック（100g）
木綿豆腐……⅓丁（100g）
A 水……カップ2
　塩……大さじ½
B 練り白ごま……大さじ1
　砂糖……小さじ1
　塩……小さじ¼
　しょうゆ……小さじ½

1 さやいんげんは4cm長さに切る。しめじは小房に分ける。
2 豆腐はキッチンペーパーで包んで10分ほどおき、水けをきる。
3 鍋にAを入れて強火で煮立て、しめじをさっとゆでて、ざるに上げる。同じ湯でさやいんげんを2分ゆでて、ざるに上げる。
4 すり鉢などに豆腐を入れてなめらかになるまですり混ぜ、Bを順に加えてその都度すり混ぜる。3を加えて和える。

定食例 → P.086

定食例 → P.098

# ［梅和え］

こんな野菜で作っても
グリーンアスパラガス、さやいんげん（いずれもゆでて）など

## 小松菜の梅和え

**材料・2人分**

小松菜……200g
A 水……カップ2
塩……大さじ½
B 梅肉……大さじ½
水……小さじ1
しょうゆ……小さじ⅓
砂糖……小さじ⅓

1 小松菜は4cm長さに切る。
2 鍋にAを入れて強火で煮立て、小松菜を2分ゆでる。ざるに上げて水けをしぼる。
3 ボウルにBを入れて混ぜ、2を和える。

## オクラと大豆の梅和え

**材料・2人分**

オクラ……8本
蒸しゆで大豆……100g
A 水……カップ2
塩……大さじ½
B 梅肉……大さじ½
水……小さじ1
しょうゆ……小さじ⅓
砂糖……小さじ⅓

1 オクラはがくのまわりをくるりとむく。
2 鍋にAを入れて強火で煮立て、オクラを30～40秒ゆでる。ざるに上げて水けをきり、1cm幅の斜め切りにする。
3 ボウルにBを入れて混ぜ、2、大豆を和える。

**蒸しゆで大豆の作り方**（作りやすい分量）

1 乾燥大豆300gは洗ってたっぷりの水に8時間ほど浸し、ざるに上げて水けをきる。
2 厚手の鍋に1の大豆と水カップ1を入れて強火にかけ、煮立ったらふたをして、弱火で40～60分蒸しゆでする。
3 火を止めてそのまま冷まし、保存容器に入れる（保存期間：冷蔵で5～6日）。
※冷凍する場合は、ジッパーつき保存袋に入れる（保存期間：約1か月）。

定食例 → P.094

定食例 → P.016

## ［甘酢和え］

こんな野菜で作っても
塩もみきゅうり、ゆでにんじん、ゆできのこなど

### 貝割れ菜とわかめの甘酢和え

**材料・2人分**

貝割れ菜……………1パック
カットわかめ（乾燥）…………6g
A 酢…………大さじ2
水…………大さじ2
砂糖…………大さじ½
しょうゆ…………小さじ½
練り辛子…………小さじ½

1 わかめは水でもどし、水けをきる。貝割れ菜は長さを半分に切る。
2 ボウルにAを入れて混ぜ、1を和える。

## ［ナムル］

こんな野菜で作っても
ほうれん草、にんじん、豆もやし（いずれもゆでて）など

### チンゲン菜と大豆のナムル

**材料・2人分**

チンゲン菜…………2株（200g）
蒸しゆで大豆（P.106参照）…100g
A 水…………カップ2
塩…………大さじ½
B すり白ごま…………大さじ2
ごま油…………小さじ1
にんにくのすりおろし……少量

1 チンゲン菜は1枚ずつ葉を外し、4cm長さに切る。
2 鍋にAを入れて強火で煮立て、チンゲン菜を1分ゆで、ざるに上げる。
3 ボウルにBを入れて混ぜ、2、大豆を和える。

定食例 → P.054

定食例 → P.084

# ［塩油ゆで］

こんな野菜で作っても
キャベツ、チンゲン菜、にんじんなど

## 塩油ゆでほうれん草

材料・2人分
ほうれん草……200g
A 水……カップ1
塩……小さじ1
油……小さじ1

1 ほうれん草は4㎝長さに切る。
2 鍋にAを入れて強火で煮立て、ほうれん草を加えて1分30秒ゆで、ざるに上げてしっかりと水けをきる。

## 塩油ゆでグリーンアスパラ

材料・2人分
グリーンアスパラガス……10本
A 水……カップ1
塩……小さじ1
油……小さじ1

1 グリーンアスパラガスは根元のかたい皮をピーラーでむき、4～5㎝長さに切る。
2 鍋にAを入れて強火で煮立て、アスパラを加えて1～2分ゆで、ざるに上げてしっかりと水けをきる。

定食例 → P.074

定食例 → P.020

## ［おひたし］

こんな野菜で作っても（煮びたしも）
小松菜、豆苗、絹さやえんどうなど

### ほうれん草と大豆のおひたし

材料・2人分

ほうれん草……………………200g
蒸しゆで大豆（P.106参照）…100g
A 水………………カップ2
A 塩………………少量
B だし汁…………カップ¾
B しょうゆ………大さじ1

1 鍋にAを入れて強火で煮立て、ほうれん草を1分30秒ゆでる。水にとってざるに上げ、水けをしぼって4cm長さに切る。Bは混ぜる。

2 B大さじ3をほうれん草にからめ、汁けをしぼる。

3 残りのBに大豆、2のほうれん草を浸して味をなじませる。

## ［煮びたし］

### 水菜とじゃこの煮びたし

材料・2人分

水菜……………………200g
A ちりめんじゃこ………大さじ2
A だし汁…………カップ1
A 酒………………大さじ1
A しょうゆ………小さじ1
A 塩………………小さじ¼

1 水菜は4cm長さに切る。

2 フライパンにAを入れて強火で煮立て、水菜を加えて中火にし、しんなりするまで煮る。

電子レンジで作る場合
すべての材料を耐熱ボウルに入れてラップをふんわりとかけ、電子レンジで3分30秒加熱する。

定食例 → P.064

定食例 → P.030

# ぼちぼち
# 閉店の時間です

「藤井食堂」の定食、いかがでしたか。満足いただけましたか。
朝定食の目玉焼きに冷ややっこ、
夜定食の鶏のから揚げ、豚のしょうが焼き、煮魚など、
みんなが好きな定食のおかずは、ご飯がモリモリ進む味が多いもの。

ついおかわりして、食べすぎてしまうこともあるでしょう。

（私の場合、夜はお酒を飲みすぎてしまうことが、たびたび……）

そんなときにおすすめなのが、「大根おろし」です。

大根に含まれるジアスターゼという酵素が、でんぷんの消化を助け、胃の調子を整えてくれます。

ジアスターゼは加熱に弱く、空気に触れると減少していくため、
できるだけおろしたてを食べるのがポイントです。しょうゆをひとたらしするのもよいですが、
私はさまざまな食材と合わせて、1品分のおかずとして味わいます。

中でも「梅おろし」は、毎日食べても飽きない大好きな組み合わせ。

焼き魚に添えたり、納豆と和えたりしてもおいしいです。

食事の締めくくりに大根おろしを。

習慣にすることで、翌日の胃腸がすっきりしますよ。

ありがとうございました

# 藤井食堂の大根おろしアレンジ

（すべて2人分）

※共通の作り方。大根5㎝は皮をむかずにすりおろし、ざるに上げて軽く水けをきってから食材と混ぜます。

**みょうがおろし**
大根おろし5㎝分＋
みょうがの薄い小口切り1個分

**青じそおろし**
大根おろし5㎝分＋
青じその細切り5枚分

**ごまおろし**
大根おろし5㎝分＋
すり白ごま大さじ1

**梅おろし**
大根おろし5㎝分＋
梅肉小さじ1

**細ねぎおろし**
大根おろし5㎝分＋
細ねぎの小口切り2本分

## 藤井 恵 ふじい めぐみ

雑誌、書籍、テレビなどで活躍する料理研究家、管理栄養士。おかず、お弁当、おつまみなど、作る人に寄り添った、わかりやすくておいしいレシピにファンが多い。ベストセラーの『藤井弁当 お弁当はワンパターンでいい!』(小社刊)ほか、著書多数。趣味は全国の居酒屋巡り。「広島県福山市の『自由軒』や愛知県名古屋市の『大甚本店』のように、おからやひじき、まぐろブツなど色んな小鉢がずらりと並んだ中から自由に選べる、食堂のような酒場に吸い寄せられます」

STAFF

書き文字……………藤井 恵
デザイン……………植田光子
撮影……………鈴木泰介
スタイリング………大畑純子
校正……………聚珍社
編集……………佐々木香織
企画・編集………小林弘美(Gakken)

# 藤井食堂の体にいい定食ごはん


2024年10月22日 第1刷発行
2025年2月3日 第3刷発行

著者 藤井 恵
発行人 川畑 勝
編集人 中村絵理子
発行所 株式会社Gakken
〒141-8416 東京都品川区西五反田2-11-8
印刷所 大日本印刷株式会社

※この本に関する各種お問い合わせ先
■本の内容については左記サイトのお問い合わせフォームよりお願いします。
https://www.corp-gakken.co.jp/contact/
■在庫については TEL 03-6431-1250(販売部)
■不良品(落丁、乱丁)については TEL 0570-000577
学研業務センター
〒354-0045 埼玉県入間郡三芳町上富279-1
■右記以外のお問い合わせは TEL 0570-056-710(学研グループ総合案内)